Scott D. Miller / Insoo Kim Berg

Die Wunder-Methode

Ein völlig neuer Ansatz bei Alkoholproblemen

vml verlag modernes lernen - Dortmund

Das Buch erschien 1995 unter dem Titel *The Miracle Method* bei W.W. Norton & Company, New York (vertreten durch: Mohrbooks, Zürich). Alle Rechte vorbehalten.

Aus dem Englischen übersetzt von Andreas Schindler (Flensburg/Hamburg) und Jürgen Hargens (Meyn).

Herausgeber: Jürgen Hargens (Meyn)

© 1997 verlag modernes lernen borgmann publishing GmbH & Co. KG, D - 44139 Dortmund

3. Aufl. 2003
Gesamtherstellung: Löer Druck GmbH, Dortmund

Bestell-Nr. 4352   ISBN 3-8080-0372-3

Inhalt

Danksagung

Wir schulden vielen Menschen Dank, die im Laufe der Jahre zu unserem Denken, Forschen und Schreiben beigetragen haben. Zuallererst aber möchten wir den KlientInnen danken, mit denen wir so ungefähr die letzten zwanzig Jahre gearbeitet haben. Die Begegnung mit ihnen hat uns die Möglichkeit gegeben, ihre Hoffnungen und Träume einer besseren Zukunft mit ihnen zu teilen. Diese Träume haben wiederum uns angeregt, danach zu suchen, die Grundlage und Quelle ihrer Hoffnung zu verstehen und sie haben uns zugleich aufgefordert, unsere Aufmerksamkeit für neue Denkweisen über und neues Verständnis von Veränderungsprozessen zu öffnen.

Ein besonderer Dank geht an die vielen KollegInnen und FreundInnen, die eine Rolle dabei gespielt haben, die Ideen, die wir in diesem Buch vorstellen, zu formen. Wir schulden Euch Dank, daß Ihr uns zugehört, unser Denken hinterfragt habt, uns darauf hingewiesen habt, wo wir falsch lagen und daß Ihr zu uns gehalten habt, als unser Denken sich weiter entwickelte. Ihr seid einfach zu viele, als daß wir hier alle nennen könnten. Denkt aber bitte daran, daß Eure Teilnahme an unseren Workshops, Trainingsseminaren und Supervisionen unser Denken herausgefordert und angeregt hat und daß die Erfahrungen, die Ihr mit uns geteilt habt, in den Ideen dieses Buches enthalten sind. (Dies alles gilt doppelt, solltet Ihr in Virginia leben!)

Wir möchten einigen KollegInnen namentlich danken, nämlich denen, die unsere klinische Arbeit mit ihrem fachlichen Vorbild sowohl begleitet und beraten wie erweitert haben. Dazu gehören Larry Hopwood, Lynn D. Johnson, Bill O'Hanlon, Jeffrey K. Zeig, Michelle Weiner-Davis, John Weakland, Harold Miller Jr., Steve de Shazer, Jane Kashning, John Walters und Jane Peller.

Und schließlich gilt unser Dank unserer Lektorin und Herausgeberin Susan Barrows Munro, die uns ermunterte, unseren Horizont dadurch zu erweitern, daß wir ein Selbsthilfe-Buch schreiben und die während der vielen Änderungen, die im Laufe des Schreibens geschahen, ruhig und geduldig blieb.

Vorwort

Nichts ist so gefährlich wie eine Idee,
wenn sie die einzige ist, die du hast.

– Émile CHARTIER

Ein Bild hält uns gefangen.

– Ludwig WITTGENSTEIN
Philosophische Untersuchungen

Vor einiger Zeit begegneten wir beiden uns während eines Workshops über die Behandlung von Leuten mit Trinkproblemen. Im Laufe dieses dreitägigen Trainingsprogramms sprachen wir über unsere Erfahrungen in der Behandlung von Leuten, die deshalb Probleme haben, weil sie oder jemand anderes trank. Wir teilten auch einige überraschend ähnliche berufliche und persönliche Erfahrungen.

Insoo, das erfuhr Scott, war in Korea während der Koreakrise aufgewachsen, wo sie mit ihrer Familie in einem kleinen Dorf gelebt hatte. In dieser turbulenten und gewaltvollen Zeit, so erinnerte sie sich, wurden viele DorfbewohnerInnen mit dem Krieg so fertig, daß sie das machten, was andere als „zuviel trinken" beschreiben würden. Zu dieser Zeit nannte kein Mensch die DorfbewohnerInnen, die tranken, „AlkoholikerInnen" oder „Problem-TrinkerInnen".

Auf einem ihrer Spaziergänge im Verlaufe dieses dreitägigen Trainingsprogramms erfuhr Scott, daß eine dieser Personen aus dem Dorf, die „zuviel trank", Insoos Vater gewesen war. Er war ein stiller, nachdenklicher Gelehrter und ein umgänglicher Mensch. Aber das Zusammenspiel von Krieg und Alkohol verwandelte ihn schließlich in einen wilden, lauten und manchmal gewalttätigen Mann. Insoo kann sich an viele Male erinnern, wo sie ihren Vater nach einer Trinktour saubermachen und ins Bett bringen mußte. Am nächsten Tag wurde darüber natürlich nicht gesprochen.

Insoos Offenheit und ihre offensichtlich tiefen Gefühle, was das Trinken ihres Vaters anging, veranlaßten Scott dazu, mit ihr darüber zu sprechen, wie Alkohol seine Familie beeinflußt hatte. Scotts Onkel, das erfuhr Insoo, fing während seines Dienstes als Nachrichtenoffizier im zweiten Weltkrieg mit dem Trinken an, „um seine Nerven zu beruhigen". Scott verwies darauf, wie die Militärführung ihre Truppen zum Trinken ermunterte und die kampfmüden Soldaten mit Alkohol versorgte, um so eine Möglichkeit bereitzustellen, mit den Schrecken des Krieges umzugehen. Alkohol war nicht das einzige, was sein Onkel während seiner Militärzeit nahm. Obwohl er aus einer Familie stammte, die – wie er auch – aufgrund seiner religiösen Überzeugung – Tabak verbot, fing Scotts Onkel während seiner Militärzeit mit dem Rauchen an. Als er den Dienst quittierte, rauchte er täglich dreieinhalb Schachteln Zigaretten.

In den Jahren nach seiner Militärzeit trank Scotts Onkel weiter. FreundInnen und Bekannte zeigten sich besorgt darüber und Familienmitglieder boten ihm Hilfe und Unterstützung an. Sie baten ihn eindringlich, sich zu ändern – alles ohne Erfolg. Seine Probleme mit Alkohol führten schließlich zum Verlust von Karriere und Familie. Und trotz der Warnungen seines Arztes vor Emphysemen und ernsten Kreislaufproblemen blieb er ein starker Raucher.

Nach dem Koreakrieg siedelte Insoo in die USA über und begann im Rahmen ihrer Ausbildung als Therapeutin, etwas über die Behandlung von Personen mit Alkoholproblemen zu lernen. Sie erkannte schnell, daß viele der Leute in ihrem Dorf – ihr Vater eingeschlossen – mehr als einfach nur „zuviel trinken“. Sie merkte, daß ihr Vater leicht mit dem Etikett „Alkoholiker“ oder zumindest „Alkoholmißbraucher“ oder „abhängig“ hätte versehen werden können. In den Ausbildungsprogrammen zur Alkoholbehandlung lernte sie, daß es nur „einen Weg“ gibt, Leuten wie ihrem Vater zu helfen und zwar den, sich den Anonymen Alkoholikern (AA) anzuschließen, zuzugeben, daß sie dem Alkohol gegenüber machtlos sind, ihr Leben einer „höheren Macht“ anzuvertrauen und für den Rest ihres Lebens den Zwölf Schritten der AA zu folgen. Es anders zu machen, könnte nur zu einem einzigen Ergebnis führen: eine fortlaufende Verstärkung der Krankheit und schließlich der Tod.

Scott hatte eine ähnliche Ausbildung durchlaufen. Um seinen Lebensunterhalt als Student zu sichern, übernahm er die Stelle eines Alkoholberaters – eine Stelle, die seine ProfessorInnen als unter der Würde eines Psychologen in Ausbildung ansahen. Um ihn darauf vorzubereiten, mit Leuten, die Alkoholprobleme haben, auf die „richtige Weise“ zu arbeiten, hatte ihn die Einrichtung, für die er tätig war, zu zahlreichen Fortbildungen geschickt. Zu dieser Zeit trank und rauchte sein Onkel weiterhin, obwohl er viele persönliche Verluste zu erleiden hatte und sein körperlicher Zustand sich laufend verschlechterte. Nach den Informationen, die Scott erhielt, trank sein Onkel, weil er krank war und seine

Krankheit verleugnete. Scott lernte, daß das, was seine Familienmitglieder sagten, ihre beständigen und positiv motivierten Versuche waren, ihrem geliebten Angehörigen zu helfen und daß genau das tatsächlich das Problem aufrechterhielt, indem es das Trinken des Onkels „ermöglichte".

Irgendwann während unserer Gespräche im Verlaufe dieses dreitägigen Workshops fragte einer den anderen – wir wissen nicht mehr genau wer –, was denn schließlich aus den Verwandten mit dem Alkoholproblem geworden war. Zu unserer Überraschung hatte sich keiner von beiden zu Tode getrunken! Im Gegenteil, jeder von beiden hatte schließlich aufgehört, Alkohol zu trinken. Und keiner hatte jemals irgendeine offizielle Behandlung erhalten oder war zu einem AA-Treffen gegangen. Keiner von uns konnte sich an irgendwelche besonderen Umstände erinnern, an dramatische Ereignisse oder Wendepunkte, und wir konnten uns nicht erinnern, daß einer von beiden „ganz am Ende" gewesen war oder sein Leben einer „höheren Macht" anvertraut hätte.

Für uns beide, die wir in traditionellen Modellen der Alkoholbehandlung ausgebildet sind, schien dies unmöglich. Uns war eingetrichtert worden, daß niemand, der an der „Krankheit Alkoholismus" leidet, das Trinken ohne Behandlung aufgeben kann. Irgendwann im Laufe unserer Tätigkeit hatte jeder von uns das gelesen, was Vernon JOHNSON, eine der führenden Autoritäten in diesem Bereich, genau dazu geschrieben hatte. Ein typisches Beispiel: „Wenn die abhängige Person keine Hilfe erhält, *wird* sie vorzeitig sterben ... Abhängigkeit ist ... progressiv ... [und] das heißt, daß sie *immer* schlimmer wird, wenn sie unbehandelt bleibt" (1986, S. 6-7). Vielleicht glaubten wir beide anfangs, daß unsere Verwandten einfach keine *wirklichen* Alkoholiker oder, in JOHNSONS Worten, nicht „abhängig" waren. Wir beide hatten diesen Gedanken vor langer Zeit aufgegeben angesichts der chronischen Natur der Probleme unserer Verwandten und angesichts des sehr wirklichen Leidens, das Alkohol unseren Familien zugefügt hat. Wenn jemand dem Bild des „Alkoholikers" entsprach, dann unsere beiden Verwandten.

Um das Ganze noch weiter zu verkomplizieren, sagte Insoo, daß ihr Vater sein Leben lang sozial weitergetrunken hätte. Das, so unsere übereinstimmende Meinung, galt als unmöglich, denn, wie JOHNSON ausgeführt hat, „wenn eine Person einmal abhängig geworden ist, dann bleibt er oder sie das *für immer*" (1986, S. 7). Niemand konnte normal trinken, wenn er oder sie die „Krankheit" hatte, und doch hatte sich Insoos Vater irgendwie selber „diszipliniert", trotz jahrelangen Mißbrauchs sozial zu trinken. Darüber hinaus konnte niemand mit dem Trinken ohne Behandlung aufhören, und doch hatten Insoos Vater und Scotts Onkel genau das getan: aufgehört, ohne jede formelle oder informelle Behandlung! Und Scotts Onkel hatte dazu auch noch an dem Tag mit dem Rauchen aufgehört, an dem er mit dem Trinken aufhörte.

Nachdem wir über diesen offenkundigen Widerspruch zwischen unserer klinischen Ausbildung und den Erfahrungen unserer Verwandten nachgedacht hatten, fragte Scott Insoo, ob sie eine Idee hätte, wie ihr Vater es fertiggebracht hatte, sein Trinken zu verändern. Sie sagte, sie hätte sich schon früher darüber gewundert – insbesondere dann, als sie selber eine Ausbildung in Alkohol-Therapie durchlief –, aber sie hatte wirklich keine Idee, wie ihr Vater das geschafft hatte, sein Trinken zu verändern. Scott antwortete sehr ähnlich, als Insoo ihm dieselbe Frage über seinen Onkel stellte. Scott erinnerte sich, daß sein Onkel an einem Muttertag ganz einfach verkündete, daß er nicht länger trinken oder rauchen würde. Obwohl keiner in der Familie ihm glaubte, hörte er tatsächlich auf.

Kurz gesagt, wir mußten eingestehen, daß keiner von uns irgendeine Idee hatte, wie unsere Verwandten mit dem Trinken aufgehört hatten. Sie schienen ganz einfach von einem Tag, wo sie ein großes Trinkproblem hatten, zum nächsten zu gehen, wo sie das Problem nicht mehr hatten. Beide hatten irgendwie das theoretisch Unmögliche geschafft.

Daß keiner von uns irgendeine Idee hatte, wie unsere Verwandten dies theoretisch Unmögliche geschafft hatten, war eine ernüchternde Erkenntnis. Wir hatten bisher wenig darüber nachgedacht und unsere Ausbildung hatte uns glauben lassen, daß solche wahrhaft wundersamen Änderungen uns wenig darüber erzählten, wie man sich von ernsthaften Alkoholproblemen erholen kann. Was wichtig war, so hatten wir gelernt, war, die Zeichen und Symptome „der Krankheit" zu erkennen, Verleugnen zu konfrontieren und den Menschen zu helfen, auf die „richtige" Weise mit dem Alkoholproblem umzugehen: lebenslange Teilnahme an einem Rehabilitationsprogramm. Anders gesagt, wir hatten gelernt, daß aus den Erfolgen unserer Verwandten nichts Wertvolles gelernt werden konnte. Nicht nur das – wir hatten tatsächlich gelernt, daß ihre Erfolge unmöglich waren!

Die Kosten solcher Vorstellungen sind klar. Einer Theorie die Treue zu schwören, hatte uns tatsächlich dazu gebracht, Mittel und Wege zu ignorieren, wie unsere Verwandten ihr Leben verändert hatten. Anders gesagt, wir verpaßten eine großartige Gelegenheit, etwas Wertvolles von zwei erfolgreichen Menschen zu lernen, wie sich ernsthafte Alkoholprobleme lösen lassen. Wie hatten sie das gemacht? Was hatten sie auf jeden Fall gemacht? Da sie beide inzwischen tot waren, mußten wir einfach die Tatsache akzeptieren, daß wir es niemals wissen würden. Noch schlimmer war es allerdings zu erkennen, wie die starke, fast totalitäre Treue einer einzigen Theorie und Behandlungsmethode gegenüber das ganze Feld der Alkoholbehandlung dazu führte, weiterhin solche Möglichkeiten auszulassen.

Unsere Unterhaltung ging weiter. Jeder von uns, gestanden wir, hatte seit langem einige der zentralen Behandlungsgrundsätze hinterfragt. Insoo erinnerte sich an das erste Mal, wo sie sich einer Situation gegenüber sah, die einfach nicht zu ihrer Ausbildung paßte, eine Erfahrung mit Bob, einem alten Freund.

Bob war ein guter Freund, ein seit fünfundzwanzig Jahren trockener Alkoholiker. Insoo sagte, es gab bei Bob nichts Ungewöhnliches, außer daß er ein (protestantischer) Pastor war, der als Teil seiner offiziellen Pflichten jeden Sonntag im Jahr das Abendmahl gab – ein Abendmahl, das (und das überraschte Insoo) Pastor Bob immer mit Wein zelebrierte – mit echtem Wein! In den vergangenen fünfundzwanzig Jahren hatte Bob jeden Sonntag vor seiner Gemeinde gestanden und sich und den Gemeindemitgliedern Wein als Teil der offiziellen kirchlichen Sakramente gereicht.

Insoo erinnerte sich daran, wie sie sich mit dem auseinandersetzte, was ihr über Leute, die „trocken" waren, beigebracht worden war. Insbesondere, daß diese Menschen *nicht* damit umgehen konnten, alkoholische Getränke zu sich zu nehmen – wie wenig auch immer –, ohne das Verlangen nach mehr Alkohol auszulösen, das schließlich zu einem Rückfall führen würde. Denke an den alten AA-Slogan: ProblemtrinkerInnen sind immer „nur ein einziges Getränk von Trunkenheit entfernt!" Insoo machte deutlich, wie sie ihre KlientInnen einmal konfrontiert hatte und – wie es im *Big Book* der AA steht – sie zwang „zuzugeben, daß sie keine Macht über den Alkohol haben" (*Alcoholics Anonymous,* 1976). Ihre Erfahrungen mit Bob brachten sie aber dazu, einige ihrer geliebten Annahmen über Alkohol infragezustellen. Dieses Infragestellen führte sie schließlich dahin, mit neuen und anderen Behandlungsmethoden zu experimentieren, die sie, wie sie Scott sagte, zuerst vor ihren FreundInnen und FachkollegInnen verheimlicht hatte.

Scott konnte sich gut darauf einlassen, ein Geheimnis zu hüten. In seiner Arbeit mit chronischen ProblemtrinkerInnen in einer öffentlichen Einrichtung hatte er festgestellt, daß die Methoden, die er in seiner traditionellen Ausbildung gelernt hatte, nicht sehr oft zu wirken schienen. Zum einen schieden 30 bis 60% der KlientInnen nach wenigen Sitzungen aus dem Behandlungsprogramm aus – Opfer, so wurde ihm gesagt, der heimtückischen Krankheit Alkoholismus. Wenn er auch für Behandlungsfehlschläge die Krankheit Alkoholismus „verantwortlich" machen konnte, so bot dies doch wenig Trost. Schon früh fing Scott an, sich zu fragen, ob es nicht Wege gäbe, diejenigen in der Behandlung zu halten, die offensichtlich Hilfe brauchen. Er erzählte Insoo, wie er heimlich nach Supervision in anderen Behandlungsmodellen gesucht hatte und er begann, verschiedene Methoden in seine Arbeit mit ProblemtrinkerInnen einzubeziehen. Indem er einen zentralen Grundsatz des traditionellen Behandlungsmodells verwarf, verzichtete Scott auf die Idee der lebenslangen Erholung und fing an, KlientInnen mit Alkoholproblemen für eine begrenzte Anzahl von Stunden zu sehen.

Insoo erzählte ihm dann, wie ihre weitere Arbeit mit Vietnam-Veteranen und obdachlosen ProblemtrinkerInnen* sie zusammen mit einem TherapeutInnen-Team dazu geführt hat, eine Alternative zu traditionellen Behandlungsansätzen zu formulieren. Sie gewann schließlich genügend Zutrauen, um einige ihrer Ideen mit anderen FachkollegInnen zu teilen. Scott schilderte wiederum, wie er in einem anderen Teil des Landes auch verschiedene alternative Ansätze zusammenbrachte, die er dann allmählich anderen KollegInnen mitteilte.

Am letzten Tag des Workshops beschlossen wir, „in Kontakt zu bleiben". Im Verlaufe unserer Korrespondenz tauschten wir in den nächsten Jahren Ideen aus und langsam begann ein zusammenhängender Ansatz Konturen anzunehmen. Schließlich kamen wir zu der Überzeugung, daß wir räumlich zusammenkommen müßten, um unsere Arbeit fortzuführen und so zog Scott in den Mittleren Westen.

Gemeinsam haben wir mittlerweile Hunderte von KlientInnen mit Alkoholproblemen interviewt und mit ihnen gearbeitet. Der größte Teil unserer Arbeit organisierte sich um eine ganz einfache Idee: herauszuarbeiten und zu erkennen, wie die KlientInnen, die ihre Alkoholprobleme erfolgreich gemeistert haben, imstande waren, das zu tun. Als Folge davon haben wir eine Methode entwickelt, mit Alkoholproblemen umzuge-

---

*) **Anm.d.Hrsg.**: Ein Stück von Insoo Kim BERGS Arbeit ist in einer Fallstudie unter dem Titel „Kurztherapie eines obdachlosen Drogenabhängigen" in der *Z.system.Ther.* 6(3): 207-211, 1988 dokumentiert. Die gesamte Ausgabe der *Z.system.Ther.* 6(3), 1988 steht unter dem Leitthema „*Alkohol – Drogen*".

hen, die auf dem beruht, was wir von unseren erfolgreichen KlientInnen gelernt haben. Dieser Ansatz ist bei allen möglichen KlientInnen angewendet worden: leichte bis schwere Alkoholprobleme bei Leuten mit unterschiedlichem sozialen, ökonomischen, rassischen, kulturellen und familiären Hintergrund. Wir sind zu der Erwartung gekommen, daß Erfolg nicht nur eine theoretische Möglichkeit ist, sondern auch eine praktische Wirklichkeit.·

In einem früheren Buch – *Kurzzeittherapie bei Alkoholproblemen** – haben wir diese Methode, den lösungsorientierten Ansatz, für professionelle BeraterInnen und TherapeutInnen beschrieben. Wir freuen uns, daß das Buch trotz – oder gerade wegen – der ziemlich ketzerischen Gedanken, die es enthält, für beträchtliche Aufregung unter den Fachleuten gesorgt hat. So wie wir fanden auch sie den „eine-Größe-paßt-für-alle"-Ansatz traditioneller Behandlungsmethoden nicht hilfreich, wenn es darum geht, die zunehmend steigende Zahl der Leute mit Alkoholproblemen zu behandeln. Wir sind nicht die einzigen Fachleute, die diesen Ansatz der Alkoholbehandlung verfolgen. Im Grunde verläuft ein großer Teil der Forschung und der Theoriebildung parallel zu unserer eigenen Arbeit. In diesem Buch beziehen wir uns auf die Arbeit anderer, um einige Punkte zu veranschaulichen und um unserer Arbeit eine Tiefe und eine Perspektive hinzuzufügen.

Wir hoffen, daß die LeserInnen – anstatt so, wie wir es mußten, den harten Weg zu lernen – von unserer Erfahrung und den Erfahrungen der vielen KlientInnen, mit denen wir arbeiten durften und von denen wir in den vergangenen Jahren lernen konnten, profitieren können.

---

*) **Anm.d.Hrsg**.: Dies Buch mit dem Untertitel *Ein lösungsorientierter Ansatz* erschien 1992 in den USA und 1993 auf deutsch

1. Wunder

Hilfe und Hoffnung für ProblemtrinkerInnen

> Man sagt, es gescheh'n keine Wunder mehr
>
> – William SHAKESPEARE *Ende gut, alles gut*

> „Ich brauche es gar nicht zu versuchen", sagte sie [Alice],
> „etwas Unmögliches *kann* man *nicht* glauben."
>
> „Du wirst darin eben noch nicht die rechte Übung haben", sagte die
> Königin. „In deinem Alter habe ich täglich eine halbe Stunde darauf
> verwendet. Zuzeiten habe ich vor dem Frühstück bereits
> bis zu sechs unmögliche Dinge geglaubt."
>
> – Lewis CARROLL, *Alice hinter den Spiegeln*

Sie haben es geschafft! Sie haben zu einem Buch gegriffen, das eine
Methode beschreibt, die in den USA und anderswo erfolgreich einge-
setzt wurde, um Tausenden von Menschen zu helfen, ihre Probleme mit
Alkohol zu bewältigen. Eine Methode, die Hoffnung bietet und dazu auch
praktische, schrittweise, so-mußt-du-es-machen Ratschläge, Ihre
Schwierigkeiten mit Alkohol zu besiegen. Eine Methode, die im übrigen
keine lebenslange Verpflichtung für ein Programm oder Glaubenssätze
fordert, um erfolgreich zu sein. Sie können heute *anfangen*, sich zu ändern und den Fortschritt, den Sie wünschen, mit der Geschwindigkeit,
bei der Sie sich wohlfühlen, erreichen, indem Sie ganz einfach dieses
Buch weiterlesen.

Sie werden nicht aufgefordert, Ihr ganzes Leben umzukrempeln, das
Unterste zuoberst und das Innere nach außen zu kehren oder auf eine
psycho-archäologische Expedition zurück in Ihre Kindheit zu gehen, um
die zahlreichen Elemente Ihres Lebens zu entdecken und zusammen-
zufügen, die Ihr Problem verursacht haben könnten. Noch werden Sie
aufgefordert, Ihr Leben einer ExpertIn, Autorität oder „höheren Macht"
außer Ihnen selbst anzuvertrauen. Sie werden nicht einmal aufgefordert
zu versprechen, nie wieder zu trinken. Ihnen wird einfach geholfen, die
Ressourcen und Stärken zu entdecken, die Sie jetzt schon besitzen, die
sich einsetzen lassen, die Änderungen herbeizuführen, die Sie wünschen.
Darum geht es beim Wunder: *Ihre eigenen Stärken und Ressourcen zu
sammeln und zu bündeln, um Ihre Probleme mit Alkohol zu lösen.*

Wir wissen natürlich, daß Sie es – so wie Alice im Wunderland – unmöglich finden, daran zu glauben, ein Selbsthilfe-Buch könne jemals ein Problem lösen, das so ernst und betörend ist, wie es das Problemtrinken zu sein scheint – und noch viel weniger ein Selbsthilfe-Buch mit dem Titel *Die Wunder-Methode*. Bei so einem kühnen Titel könnten Sie sich fragen, was wir versprechen und ob wir das auch halten können. Vielleicht haben Sie schon einige Bücher aus der Selbsthilfe-Abteilung Ihres Buchgeschäftes gelesen oder Sie waren bei Treffen einer oder mehrerer dieser wachsenden Zahl von Selbsthilfe-Gruppen, die sich an Leute mit Trinkproblemen wenden. Vielleicht haben Sie auch eines der stationären Therapieprogramme durchlaufen. Sie kennen diesen Typ: die mit diesen auffallenden und bewegenden TV-Werbungen*. „Rufen Sie jetzt an. Wir können helfen! Wir *versprechen* es."

Vielleicht sind Sie auch gerade jetzt, wo Sie diesen Abschnitt lesen, selber in einem Therapieprogramm. Sie alle machen Versprechungen. Sie haben aber vielleicht gemerkt, daß die Versprechungen der Selbsthilfe-Bücher, der Behandlungsprogramme und der vielen Alkohol-Behandlungs-ExpertInnen nicht genau mit der Wirklichkeit übereinstimmen. „Die Ideen klingen wirklich gut", sagte einmal eine unserer KlientInnen, „wenn man sie in einem Buch liest. Nur dann, wenn du versuchst, sie in deinem wirklichen Leben anzuwenden, fangen diese ganzen Schwierigkeiten an." Was können wir also sagen, was dieses Buch so anders als alle die macht, die Sie schon gelesen haben oder zu lesen versuchen? Naja, lesen Sie weiter und Sie werden sehen.

> ### Warnung!
>
> Die Wunder-Methode wird Ihre Annahmen darüber, wie Probleme gelöst werden, infragestellen. Sie werden nicht mehr so über Ihr Problem und seine Lösung nachdenken können, wie zu der Zeit, bevor Sie dieses Buch gelesen haben.

Wir sagen Ihnen das gleich vorweg, so daß Sie Ihr Geld sparen können, wenn Sie zu den Leuten gehören, die darauf bestehen, auf eine ganz bestimmte Art und Weise über Dinge zu denken und sie zu sehen. Die Wunder-Methode wird zumindest Ihre Annahmen darüber, wie Alkohol-

---

*) **Anm.d.Hrsg.**: In den USA werben solche Therapieprogramme im Fernsehen.

Probleme gelöst werden können, infragestellen. Ein Teil des Wunders dieser Methode besteht tatsächlich darin, Sie herauszufordern, anders zu denken, so daß Sie aufhören können, diejenigen Problemlöse-Strategien zu benutzen, die nicht nur *nicht* helfen, sondern im Grunde Ihr Problem mit Alkohol aufrechterhalten. Das stimmt so. Sie haben sich nicht verlesen. Sehr oft führen unsere Versuche, unsere Probleme zu lösen, dazu, diese Probleme von einer Lösung fernzuhalten. Irgendwie werden wir dazu verleitet, mehr derselben Strategien zu probieren oder mehr desselben darüber zu denken, wie ein Problem zu lösen ist, selbst wenn die Strategie und das Denken nicht das Ergebnis bringen, das wir wünschen oder das Problem sogar noch schlimmer machen.

Ein Beispiel dafür ist das, was geschieht, wenn wir nach einem verlorenen Gegenstand suchen. Erinnern Sie sich daran, als Sie das letzte Mal nach etwas suchten, was Sie verlegt hatten? Zuerst bemühen Sie sich zu erinnern, wann Sie den Gegenstand zuletzt hatten. Dann gehen Sie Ihre Schritte nach und suchen an jeder Stelle des Weges. Ihre Frustration wächst, wenn Sie von Ort zu Ort gehen, sich bemühen, den Gegenstand zu finden, aber ohne Erfolg. Was machen Sie, wenn Sie schließlich erschöpft alle denkbaren Stellen abgesucht haben? Woanders suchen? Etwas anderes probieren? Gewöhnlich nicht. Wenn Sie wie die meisten Menschen sind, suchen Sie wieder und wieder an denselben Stellen!

Das erinnert uns an eine alte Geschichte von einem Mann namens Steve, der eines schönen, sonnigen Nachmittags gemütlich die Straße entlang schlenderte. Aus den Augenwinkeln bemerkte er einen Mann auf der anderen Straßenseite, der offensichtlich bemüht war, seine Aufmerksamkeit zu erregen. Steve hielt an und grüßte den Mann, der rasch die Straße überquerte und, sobald er nahe genug war, laut erklärte: „Mein Gott! Du bist es wirklich! Ich hatte das geahnt, ich würde Dich überall erkennen!" Steve erkannte den Mann nicht, der ihn wie einen lang vermißten Verwandten oder Freund zu behandeln schien. Da er den Mann nicht verletzen wollte, nickte Steve einfach nur und beschloß, solange mitzuspielen, bis er vielleicht die Identität des Mannes herausbekommen könnte.

Der Mann machte weiter, schüttelte seinen Kopf. „Meine Güte, wie lang ist das her?"

Steve, der auf Zeit spielte, zog einfach die Augenbrauen hoch und sah weg.

„Zehn, fünfzehn Jahre?" fragte der Mann dann, nur um schnell hinzuzufügen: „Du hast Dich wirklich verändert!"

Steve nickte nur.

Er streckte den Arm aus, gab Steve einen Klaps auf den Bauch und sagte: „Nun ja, sieh' Dich an! Du hast zugenommen!" Steve, der verzweifelt versuchte, diesen Mann in seiner Erinnerung zu orten, war ein wenig betroffen von dieser Bemerkung; schließlich war er schon immer ein bißchen stämmig gewesen. Aber bevor er etwas sagen konnte, meinte der Mann: „Und Deine Haare, Mann, Du hast die auch verändert! Jetzt bist Du blond, Mann?"

Diese Bemerkung verblüffte Steve völlig, da er schon flachsblond auf die Welt gekommen war und niemals seine Haarfarbe geändert hatte. Vielleicht, dachte er, hatte der Mann, an den er sich immer noch nicht erinnern konnte, diese kleine Einzelheit einfach vergessen. „Naja" – fuhr der Mann fort, schlug Steve auf die Schulter und sprach in einem gehauchten Flüstern – „Du weißt, was man so sagt, nicht? Blonde haben mehr Spaß! Ich glaube, das gilt auch für Männer!"

Steve lächelte und zerbrach sich weiter seinen Kopf.

Der Mann kam immer näher, starrte in Steves Augen, fing laut an zu lachen und sagte: „Donnerwetter, Deine Augen sind jetzt braun. Du hast sogar Deine Augenfarbe geändert. Du verrückter Kerl! Du hast ja fast alles verändert, nur Dich selber nicht, Jack!"

„Jack?" sagte Steve und sprach zum ersten Mal während dieser Begegnung. „Ich heiße *nicht* Jack! Ich heiße Steve!"

„Donnerwetter, Jack", sagte der Mann, ohne zu überlegen, „Du hast sogar Deinen Namen verändert!"

So wie der Herr in der Geschichte können Sie sich leicht festrennen, wenn Sie dieselbe Strategie wiederholen, selbst wenn sie nicht funktioniert. Die „Wunder"-Methode wird Sie herausfordern, anders zu denken und eine andere Strategie zu versuchen, um Ihr Trinkproblem zu lösen. Wenn es auch manchmal schwierig sein wird, das eigene Denken herausgefordert zu sehen, so ist es die einzige Möglichkeit, die wir kennen, Ihre Kreativität anzuregen und Sie zu bestärken, etwas anderes zu versuchen. In anderen Worten: unterschiedlich genug, es Ihnen zu ermöglichen, die Kontrolle über den Alkohol zu übernehmen, anstatt dem Alkohol die Kontrolle über Sie zu belassen. Der

Prozeß verlangt von Ihnen einige Arbeit, aber die Ergebnisse sind das wert. Wenn Sie bereit sind, Ihr Denken herausfordern zu lassen und mit etwas ganz anderem zu experimentieren, dann lesen Sie weiter.

Warnung!

Sie werden Ihre Vorstellungskraft *für eine Änderung* benutzen müssen

---

Wenn Sie den Leitlinien, die in diesem Buch dargelegt werden, folgen, so erfordert das auch, daß Sie Ihre Vorstellungskraft benutzen, um die erwünschten Änderungen hervorzubringen. Sie werden Ihren Verstand benutzen müssen, wenn Sie das Wunder erreichen wollen, das dieses Vorgehen zu bringen verspricht. Das heißt nun nicht, daß Sie ein Genie sein müssen; Sie müssen aber eine aktive Rolle spielen *wollen*, um diese Methode für sich arbeiten zu lassen. Wir sind nicht imstande – und wir würden das auch nicht gut finden –, einfach eine eine-Größe-paßt-allen-Methode zur Lösung von Alkoholproblemen in Ihren Kopf zu gießen.

Wie Sie im nächsten Kapitel lesen werden, glauben wir wirklich daran, daß die eine-Größe-paßt-allen-Mentalität, die die gegenwärtigen Ansätze kennzeichnet, die Optionen, die den Menschen, zur Verfügung stehen, die damit kämpfen, ihre Alkoholprobleme zu überwinden, ernsthaft eingeschränkt hat. Die begrenzte Anzahl der Behandlungsoptionen hat viele ProblemtrinkerInnen zu der Überzeugung gebracht, daß es keine Hoffnung auf Besserung gibt, wenn sie diese traditionellen Behandlungen erfolglos durchliefen. Nichts stimmt weniger. Es gibt Hoffnung, und Hilfe ist verfügbar.

Zusammen mit Ihrer Vorstellungskraft wird Ihnen die Wunder-Methode helfen, Ihre persönliche Strategie zu entwickeln, die Schlacht gegen den Schnaps zu gewinnen. Das ist vielleicht einer der wenigen Ansätze, ProblemtrinkerInnen zu helfen, indem deren kreative Möglichkeiten, individuelle Pläne der Besserung zu entwickeln, genutzt werden. Wenn Sie Ihren Zweifel lange genug aussetzen können, um eine andere Möglichkeit auszuprobieren, über Ihre Probleme und deren Lösung zu denken, dann lesen Sie weiter.

Was, wenn nichts funktioniert hat?

„Was, wenn nichts funktioniert hat?" mögen Sie fragen. „Kann die Wunder-Methode selbst mir helfen?" Wir wissen, wie überaus enttäuschend es sein kann, zu versuchen, ein Alkoholproblem zu überwinden und dabei zu scheitern. Aber bitte denken Sie daran – Sie sind nicht allein. Viele ProblemtrinkerInnen – tatsächlich ist es die Mehrheit – erleben ein gewisses Maß an Versagen und Fehlschlägen, wenn sie nach einer Strategie suchen, die bei ihnen funktioniert. Kann die Wunder-Methode Ihnen helfen? Die Antwort ist ein uneingeschränktes „Ja". Auch wenn Sie eine ProblemtrinkerIn sind, die das Etikett „chronisch rückfällig" bekommen hat – jemand, der immer wieder hinten 'runterfällt –, kann diese Methode hilfreich sein. Denn in solchen Situationen ist es ganz einfach entscheidend, etwas anderes zu probieren. Glauben Sie uns, die Wunder-Methode wird anders sein.

Was, wenn ich nicht daran glaube, ein Alkoholproblem zu haben?

Vielleicht lesen Sie dieses Buch nicht, weil Sie meinen, ein Problem mit dem Alkohol zu haben. Vielleicht sind Sie eine der Personen, die dieses Buch lesen, weil jemand, der oder die Ihnen nahesteht – EhepartnerIn, Elternteil, Kind –, der Ansicht ist, Sie hätten ein Problem mit Alkohol. Vielleicht lesen Sie dieses Buch als Teil eines Behandlungsprogramms, das Sie gezwungenermaßen absolvieren. Vielleicht vertreten Sie die Auffassung, daß Sie deshalb in Behandlung sind, weil Sie zur falschen Zeit am falschen Ort waren. Sie sind vielleicht wegen Fahrens unter Alkoholeinfluß oder wegen Trunkenheit eingesperrt worden. Vielleicht meinen Sie, daß das Schicksal – nicht Ihr Alkoholgenuß – Ihr Verderben bewirkt hat. Die Behandlung ist nicht Ihre Idee. Ihre Sicht ist die, daß *andere* Ihr größtes Problem sind. Ihre EhepartnerIn nörgelt an Ihnen herum; Ihre CheffIn droht Ihnen; die RichterIn stellt Ihnen frei, ins Gefängnis oder in Behandlung zu gehen. Kann die in diesem Buch beschriebene Methode unter solchen Umständen hilfreich sein? Was, wenn Sie nicht einmal daran glauben, ein Alkoholproblem zu haben?

Glauben Sie es oder nicht – die in diesem Buch beschriebene Methode hilft. Wenn Sie der Methode folgen, wird Ihnen geholfen, eine erfolgreiche Strategie zu entwickeln, um mit Menschen umzugehen, die sich über Ihr Verhalten beklagen. Unsere Erfahrungen beziehen sich vor allem auf Menschen, die unter irgendeinem äußeren Druck standen, sich behandeln zu lassen. Entweder hatte das Gericht sie geschickt oder die Behandlung ist Teil ihrer Bewährung(sauflage) oder einer gerichtlichen Absprache. Die Mehrzahl unserer KlientInnen hat Familienangehörige, die sich über ihr Trinken beklagen. Unsere Erfahrung hat uns etwas gelehrt, was Sie vielleicht schon wissen – daß es nicht reicht, die Zeit in einem Behandlungsprogramm zu verbringen, um die Leute zufrieden zu stellen, die sich über Sie beklagen. Diese Leute wollen Ergebnisse. Sie werden wahrscheinlich solange nicht aufhören, sich zu beklagen, solange sie keine Anzeichen erkennen, daß Sie sich zumindest bemühen und einsetzen. Sie können die Methode benutzen, sich aus dieser Situation herauszuhelfen und die Forderungen der anderen zu erfüllen, und sich dabei zugleich Ihre eigene Würde und Unabhängigkeit bewahren.

Was, wenn jemand anders das Problem hat?

Die Methode ist auch hilfreich, wenn es vorkommen sollte, daß Sie auf der anderen Seite des Trinkproblems stehen. Sie sind vielleicht ein Familienmitglied oder EhepartnerIn einer ProblemtrinkerIn. Vielleicht haben Sie eine gute FreundIn, eine Angestellte oder KollegIn, die ein Problem mit Alkohol hat. Wie Sie wahrscheinlich wissen oder aus eigenem Erleben kennen, ist es eine frustrierende Erfahrung mit wenig Erfolg, wenn man versucht, die ProblemtrinkerIn dazu zu bewegen, Hilfe zu suchen. Zu oft führt solches Bemühen nur dazu, eine Beziehung zu belasten oder zu zerbrechen. Es ist aber keine akzeptable Alternative, zuzuschauen, wie ein solcher Mensch langsam stirbt oder die zerstört, die um ihn herum sind. Wenn Sie den in diesem Buch vorgeschlagenen Ideen folgen, kann das dabei helfen, einen Plan zu entwickeln, der ProblemtrinkerIn ebenso zu helfen wie Ihnen selber. Wenn Sie bereit sind, dieser Methode eine Chance zu geben, dann lesen Sie weiter.

Wie ich den größten Nutzen aus der Wunder-Methode ziehe

Auf den folgenden Seiten werden wir Sie in die Wunder-Methode einführen. Jedes Kapitel erläutert einen bestimmten Aspekt der Methode und gibt Ihnen schrittweise Anleitungen, diesen Aspekt auf Ihr Problem anzuwenden. Spätere Kapitel bauen auf diesen Prinzipien und Strategien auf. Deshalb ist es am besten, das Buch Kapitel für Kapitel zu lesen. Geschichten, Fallbeispiele und Auszüge aus Gesprächen unserer Arbeit werden durchgehend benutzt, um wichtige Punkte zu betonen und zu beleuchten und um Ihnen zu helfen, diese Ideen auf Ihre persönliche Situation zu beziehen und anzuwenden. Es kann für Sie u.U. hilfreich sein, ein Notizbuch zur Hand zu haben, wenn Sie das Buch lesen, um Ideen aufzuschreiben und zu behalten, die Ihnen dabei kommen, und auch, um sich an die Strategien, die vorgeschlagen werden, zu erinnern. Wenn Sie dieses Buch lesen und versuchen, diese Ideen auf Ihre eigene Situation anzuwenden, dann richten Sie Ihre Aufmerksamkeit besonders auf die Vorschläge und Empfehlungen, die Sie am hilfreichsten finden – anders gesagt, auf die Ideen, die Ihnen helfen, Ihr erwünschtes Ziel zu erreichen. Wenn Sie – und das ist wichtig – einmal etwas gefunden haben, das Sinn macht und für Sie funktioniert, dann *machen Sie damit weiter!* Denken Sie aber bitte zugleich auch daran, daß Sie nicht jedem Vorschlag in diesem Buch folgen müssen, um erfolgreich zu sein. Wenn Sie lesen, dann werden Sie auch auf Ideen stoßen, die nicht hilfreich sind oder die nicht zu Ihrer persönlichen Situation und Erfahrung passen. Behalten Sie diese Ideen im Hinterkopf für spätere Möglichkeiten oder werfen Sie sie vollständig hinaus. Der wichtige Punkt ist einfach der, daß Sie nicht dem Programm folgen, das wir gefunden haben, sondern daß Sie ein Programm finden, dem Sie folgen können.

Sie können anfangen, die Wunder-Methode in Ihrem Leben wirken zu lassen, wenn Sie das nächste Kapitel aufschlagen, wo wir die Bühne bereiten, diese Methode erfolgreich zu nutzen, indem wir die grundlegenden Prinzipien und Annahmen dieses Ansatzes beschreiben. Viel Glück – und denken Sie daran, auf dem Weg auch Spaß zu haben.

2. Abhängig von der TherapeutIn – Nie wieder!

Die Lösungs-Revolution im Bereich der Abhängigkeit und der psychosozialen Arbeit

> Wenn ich auf das achte, was heute gut läuft, habe ich einen guten Tag, und wenn ich auf das achte, was schlecht läuft, habe ich einen schlechten Tag. *Wenn ich auf ein Problem achte, wird das Problem größer; wenn ich auf die Antwort achte, wird die Antwort größer.*
>
> – ANONYME ALKOHOLIKER, *The Big Book*

> Nun ja, Dunkelheit hat einen Hunger, der ist unstillbar und Helligkeit hat einen Ruf, der schwer zu hören ist.
>
> – Emily SALIERS, *Closer to Fine*

Vor einigen Jahren zeigten wir einer Gruppe von TherapeutInnen, die wir ausbildeten, das Videoband einer Familie, mit der wir arbeiteten. Nach dem Band baten wir die TherapeutInnen, ihre Fertigkeiten zu nutzen, um zu beschreiben, was sie beobachtet hatten. Schnell fingen sie an, die Familie und ihre einzelnen Mitglieder zu beschreiben. Die Mutter, da waren sich die TherapeutInnen einig, war offensichtlich eine „zornige und kontrollierende Frau", von ihrer Ehe frustriert und von ihren Erziehungspflichten überwältigt. Aber der „äußerliche" Ausdruck ihres Zornes war wirklich, so sagten die TherapeutInnen, nur der äußere Ausdruck einer „tieferliegenden" Depression. Demgegenüber wurde der Ehemann und Vater der drei Kinder als „abgeschnitten, distanziert und sogar fremd" in Hinblick auf die restliche Familie beschrieben. Einige TherapeutInnen, die über Erfahrungen mit Abhängigkeit verfügten, nutzten ihr Wissen, um Zeichen von dem zu erkennen, was sie als „verborgenes" Trinkproblem beim Vater verstanden. Diese TherapeutInnen zeigten insbesondere auf, wie die Frau es dem Mann ständig „möglich machte", sich im Gespräch von ihr und den Kindern fernzuhalten. Andere wiesen auf bestimmte Aspekte der Interaktion zwischen Vater und der achtjährigen Tochter hin und spekulierten darüber, daß er sie sexuell mißbrauchen könnte.

Wir fragten dann danach, was ihrer Meinung nach mit der Familie getan werden sollte. Sie hatten viele Vorschläge. Erstens, alle TherapeutInnen waren der Ansicht, daß die Familie in irgendeiner Form mit Familientherapie an unserer Beratungsstelle weitermachen sollte. Sie meinten darüber hinaus, daß die Frau zu einer PsychiaterIn überwiesen werden sollte, sowohl für eine umfassendere Diagnose, als auch um einzuschätzen, inwieweit eine medizinische Behandlung der physiologischen Probleme, die die zugrundeliegende Depression, die sie beobachtet hatten, verursacht, möglich wäre. Die AlkoholberaterInnen in der Gruppe empfahlen, den Vater zu einer Abhängigkeits-SpezialistIn zu schicken. Denn nur eine solche Person, so versicherten sie uns, hätte ausreichendes Wissen, um mit der Verleugnung umzugehen, die Leute mit Trinkproblemen immer zu begleiten schien. Diese Verleugnung, so ihre Beobachtung, war offensichtlich für die Probleme verantwortlich, die sie auf dem Video gesehen hatten. Einige schlugen schließlich vor, daß wir allein mit der achtjährigen Tochter sprechen sollten, um die Möglichkeit eines sexuellen Übergriffs durch ihren „alkoholischen" Vater zu untersuchen.

Nachdem die TherapeutInnen ihre Beschreibungen und Empfehlungen abgegeben hatten, informierten wir sie darüber, daß Mutter, Vater und Tochter, die auf dem Video zu sehen waren, überhaupt keine wirklichen KlientInnen waren und dies auch niemals gewesen waren. Die Familie war vielmehr Teil eines Experiments, das dazu dienen sollte, TherapeutInnen zu lehren, wie ihre Glaubensannahmen das formen, was sie in ihrer klinischen Arbeit mit Einzelnen und Familien sehen. Wir versicherten der Gruppe, daß die Personen auf dem Video überhaupt nicht krank waren, sondern eine gesunde und gut funktionierende Familie bildeten, die zufällig in unserer Nähe wohnte und mit denen wir schon lange befreundet waren! Keine einzige ihrer therapeutischen Meinungen, so lernten die Gruppenmitglieder zu ihrer eigenen Überraschung, war zutreffend gewesen.

Der Problem-Fokus traditioneller Behandlung

Wir führten unser kleines Experiment einige Male durch und erhielten jedesmal weitgehend dieselben Ergebnisse. Niemals beschrieb einer der beteiligten TherapeutInnen irgendein Zeichen von Gesundheit. Im Gegenteil, wenn auch die Probleme, die erkannt wurden, sich von Gruppe zu Gruppe unterschieden, so wurde die Familie immer als „krank" gesehen, als Familie, die eine Behandlung braucht. Obwohl wir von anderen ForscherInnen wußten, die dasselbe Experiment mit ähnlichen Ergebnissen durchgeführt hatten, waren wir allein von der Menge der „Krankheiten" schockiert, die die TherapeutInnen in gut funktionierenden Familien fanden.

TherapeutInnen, das zeigt unsere Studie überdeutlich, sind darin ausgebildet, Probleme zu finden. Anders gesagt, sie sind *problem-orientiert* und Meister darin, „Krankheiten" zu finden – selbst wo keine sind. Das sollte vielleicht auch gar nicht überraschen, denn die meiste Zeit, die TherapeutInnen in ihrer Ausbildung verbringen, dient dazu zu lernen, wie man Probleme beschreibt, erkennt und dann behandelt. Dieser Fokus auf Problemen und „Krankheit" findet seine Fortsetzung in Veröffentlichungen, die sie lesen und schreiben, wenn sie professionelle BeraterInnen geworden sind. Die typische AlkoholberaterIn wird beispielsweise mit Informationen bombardiert, die im großen und ganzen auf die „drei D's" beschränkt sind: „disease, denial, dysfunktion" – also Krankheit, Verleugnung und Dysfunktion.

Diese ExpertInnen produzieren am laufenden Band eine Fülle von Büchern, Bändern und Selbsthilfe-Produkten für die Allgemeinheit, die in ihrem Wesen aufrütteln und alarmieren und die nur wenig oder gar nicht wissenschaftlich untermauert sind. So haben beispielsweise einige ExpertInnen geschätzt, daß [in den USA] etwa 230 Millionen Erwachsene mit den negativen Folgen leben müssen, die dadurch zustandegekommen sind, daß sie in einer Alkohol-Familie aufgewachsen sind – eine Zahl, die erheblich größer ist als die gesamte erwachsene Bevölkerung der USA (KRISTOL, 1990). Andere ExpertInnen haben behauptet, daß etwa 96 Prozent aller AmerikanerInnen aus dysfunktionalen Familien kommen – ungeachtet der Tatsache, daß eine solche Zahl dieses Verhalten, das sie beschreiben, definitionsgemäß zu einem normalen Verhalten machen würde (GRAVITZ & BOWDEN, 1987).

Leider sind die Effekte dieses Dozierens für die LeserInnen dieser Sucht- und Heilungsliteratur alles andere als positiv. So ergab eine neuere Gallup-Umfrage, daß fast 90 Prozent aller AmerikanerInnen glauben, die Wissenschaft hätte bewiesen, daß Alkoholismus eine Krankheit sei (PEELE 1989). Auch wenn dies als gutes Beispiel für die Fähigkeit einer modernen Gesellschaft dienen mag, wissenschaftliche Informationen zu verbreiten, so lautet die Wahrheit ganz einfach, daß die amerikanische Öffentlichkeit irregeführt worden ist. Es gibt ganz einfach keinen wissenschaftlichen Beleg für die Behauptung, Alkoholismus sei eine Krankheit. Das einzige wissenschaftlich zu verifizierende Ergebnis der Vorstellung, Alkoholismus sei eine Krankheit, besteht, wie KritikerInnen ausgeführt haben, in einer Ausweitung der Alkohol- und Drogenbehandlungs-Industrie.

Einige könnten behaupten, die Ergebnisse unseres Experiments würden das Problem übertreiben, TherapeutInnen würden auf Probleme achten. Die meisten TherapeutInnen, könnten sie sagen, sind sehr viel sorgsamer, wenn sie es mit lebendigen, atmenden KlientInnen zu tun haben, als wenn sie das Bild einer KlientIn auf einem kalten, technischen Videoband sehen. Diktiert der gesunde Menschenverstand nicht, daß TherapeutInnen eine Menge über Probleme wissen müssen, um sie lösen zu können? Und worauf, so könnten sie fragen, sollten unserer Meinung nach TherapeutInnen ihre Aufmerksamkeit richten, wenn nicht auf Probleme?

Den „kleinen grünen Männchen" zuhören

Bei dem klaren Fokus, der in unserem Bereich auf Problemen und auf Pathologie liegt, kann es nicht überraschen, wenn nur wenig Aufmerksamkeit darauf gerichtet worden ist, die Kennzeichen solcher Menschen zu studieren, die es geschafft haben, ihr eigenes Alkoholproblem zu lösen. Und tatsächlich gingen noch weniger Anstrengungen dahin, solche Informationen in die Behandlung einfließen zu lassen. Diese Informationen gelten tatsächlich weitgehend als unbedeutend für ein Verständnis dessen, was KlientInnen dazu bringt, sich zu ändern, und sie sind in der Fachdiskussion als „oberflächlich" und „äußerlich" verspottet worden. Der angesehene Psychotherapeut Paul WATZLAWICK hat allerdings darauf hingewiesen, daß Marsmenschen, die zur Erde kommen und BeraterInnen um eine Erklärung bitten, wie sie zu ihren Techniken und Theorien, Menschen zu helfen, gekommen sind, wohl nur ungläubig ihren Kopf schütteln würden, wenn sie den komplizierten Beschreibungen zuhören, wie Menschen ihre Probleme entwickeln und aufrechterhalten. Sie würden vermutlich fragen, wieso TherapeutInnen ihre Suche nach einem Verständnis nicht mit einer Erkundung begonnen haben, wie sich Menschen *natürlich, spontan und alltäglich* ändern. Kurz gesagt, die Marsmenschen würden sich wundern, weshalb TherapeutInnen Probleme anstelle von Lösungen in den Mittelpunkt ihres fachlichen Interesses und Handelns stellen.

Wie Sie selber schon vermuten, würden sich TherapeutInnen aufgrund ihrer Ausbildung sehr unter Druck fühlen, den Marsmenschen zu antworten. Einige neuere Entwicklungen weisen aber darauf hin, daß TherapeutInnen schließlich dem Rat der kleinen grünen Männchen folgen und in ihrer Arbeit stärker lösungsorientiert werden. So begann etwa vor kurzem eine Studie, in der solche Personen mit Alkoholproblemen untersucht werden, die keine professionelle Hilfe in Anspruch nehmen, aber ihre Probleme trotzdem überwinden. Interessanterweise hat diese Studie trotz der schicksalsschweren und düsteren Vorhersagen traditioneller BehandlerInnen gezeigt, daß eine überraschend große Zahl – vielleicht sogar die Mehrzahl – der Leute mit Trinkproblemen *sich selber* ohne formale Behandlung helfen (ROBBINS, 1979, S. 332). Wenn wir solche Untersuchungen zitieren, wollen wir nicht behaupten, Behandlung sei nicht nötig oder Leute mit Alkoholproblemen sollten ihrem eigenen Rat überlassen werden. Vielmehr wollen wir damit sagen, daß die Informationen darüber, wie sich einige Leute spontan erholen, nützlich sein können, anderen Leuten mit Alkoholproblemen zu helfen.

Wenn auch eine kurze Prüfung der populärwissenschaftlichen Literatur etwas anderes verdeutlichen würde, so hat eine andere Forschungsrichtung, die Erwachsene untersucht, die in Alkoholfamilien aufgewachsen sind – sogenannte „adult children", also erwachsene Kinder von AlkoholikerInnen – herausgefunden, daß eine signifikante Anzahl (85 Prozent, um genau zu sein) – selber keine AlkoholikerInnen geworden sind. Anstatt weiter die 15-Prozent-Minderheit zu untersuchen, schlägt der Psychiater Steven WOLIN vor, daß sich die Forschungsbemühungen auf die 85-Prozent-Mehrheit richten sollten, die keine Alkoholprobleme entwickelt haben. Dr. WOLIN sagt: „Ich [glaube], daß diese 85-Prozent-Mehrheit, die dem tückischen Einfluß ihrer Vergangenheit widerstanden [hat], uns ebensoviel zu lehren [hat] wie die 15-Prozent-Minderheit, die ... ihr erlegen ist" (WOLIN, 1992). Seine ersten Studien haben tatsächlich auf einige einflußreiche gemeinsame Merkmale verwiesen, die Leute, die imstande sind, ihre schwierige Kindheit und Jugend zu überleben und sogar zu übertreffen, gemeinsam haben. Ironischer- oder tragischerweise sind es genau diese Merkmale, die die Populärliteratur oft als dysfunktional etikettiert – Merkmale wie Unabhängigkeit, Initiative, Empathie, Ambiguitätstoleranz und Humor (WOLIN 1992). Wie WOLIN ausführt, kann die negative Etikettierung dieser Merkmale die kläglichen Ergebnisse, die die Forschung über traditionelle Programme erbracht hat, teilweise erklären.

Der lösungsorientierte Ansatz

Zufälligerweise ähnelt und stützt neuere Forschung unsere eigene Arbeit. In den vergangenen zwanzig Jahren haben wir einen Behandlungsansatz entwickelt, der auf der einfachen Idee beruht, sich auf das zu konzentrieren, was funktioniert. Die daraus abgeleiteten Behandlungs-

methoden sind unter Fachleuten der Beratung und Therapie als lösungsorientierter Ansatz bekannt – eben wegen ihrer deutlich anderen Betonung von Lösungen anstelle von Problemen. Auch wenn sich die verschiedenen Techniken, die der lösungsorientierte Ansatz nutzt, im Laufe der Zeit verändert und entwickelt haben, so sind die grundlegenden
Prinzipien doch gleich geblieben. Da sich dieser Ansatz so grundlegend
von populären Ansichten über Alkoholbehandlung unterscheidet, hoffen
wir, daß ein Überblick über diese Prinzipien Ihnen helfen kann, sich darauf zu orientieren.

1. Kein Ansatz paßt für alle

Auch wenn ExpertInnen im Bereich der Alkoholbehandlung behaupten, „alle AlkoholikerInnen sind letztlich gleich" (JOHNSON, 1973, S.4)
und Leute mit Trinkproblemen müßten sich an den alle-für-einen-und-
einer-für-alle-Ansatz der Anonymen Alkoholiker halten, wenn sie hoffen wollen, jemals gesund zu werden, so sind diese Behauptungen
weit von der Wahrheit entfernt. Forschung hat nicht gezeigt, daß alle
AlkoholikerInnen gleich sind. Wenn überhaupt, dann hat sie gezeigt,
daß das Gegenteil zutrifft (PEELE, 1985). Jeder Mensch, der ein Alkoholproblem erlebt, ist *anders*. Die Kunst einer erfolgreichen Behandlung besteht darin, einen Ansatz zu entwerfen, der zu den spezifischen Bedürfnissen der einzelnen KlientIn paßt. Anders gesagt, die
Behandlung sollte so zugeschnitten sein, daß sie zu der jeweiligen
Person paßt, statt daß sie von der jeweiligen Person verlangt, zur
Behandlung zu passen. Diese Idee scheint dem gesunden Menschenverstand zu entsprechen. Aber bis vor kurzen galten solche Gedanken im Bereich der Alkoholbehandlung als ketzerisch.

Im Gegensatz zum eine-Größe-paßt-allen-Ansatz traditioneller Alkoholbehandlung hilft lösungsorientierte Therapie mit ihrem präzisen und ge-
schliffenen Fokus auf dem, was funktioniert, der KlientIn, ihre eigenen,
persönlichen Heilungspläne zu erkennen und dann zu implementieren.

2. Es gibt mehr als eine mögliche Lösung

Erst vor wenigen Jahren hörten wir einen nationalen Experten der Behandlung von Alkoholproblemen einem großen Fachpublikum sagen,
auch wenn „Wissenschaft entdeckt, daß es viele Gründe für Alkoholismus gibt, so wissen wir doch alle, daß es nur eine einzige Lösung gibt."
Was soll man von einer solch kühnen Behauptung halten? Nun gut, stellen Sie sich einmal vor, Sie sind in einem Einkaufszentrum auf der Suche nach einem Paar Schuhe. Sie gehen in das Schuhgeschäft und stel-

len fest, daß es nur eine Marke und eine Sorte von Schuhen führt. Würden Sie in diesem Laden bleiben? Zur besseren Veranschaulichung gehen wir davon aus, daß Ihnen die Marke und die Sorte gefällt, die der Laden führt, so daß Sie bleiben und ein Paar anprobieren. Sie bitten die VerkäuferIn, Ihre Fußgröße zu messen, doch wird Ihnen gesagt, daß die Größe *Ihrer* Füße keine Rolle spielt. Die Schuhe, so heißt es, gibt es nur in einer Größe – der perfekten Größe. Würden Sie im Laden bleiben? Würden Sie ernsthaft daran denken, diese Schuhe zu kaufen?

Klar, wenn Sie Glück haben, die Sorte zu mögen und wenn die Schuhe Ihnen zufällig auch passen, würden Sie es vielleicht tun. Aber was, wenn Ihnen die Schuhe nicht passen? Würden Sie sie auch dann kaufen? Und was würde passieren – wie es manchmal im Bereich traditioneller Alkoholbehandlung geschieht –, wenn Ihnen alle anderen im Geschäft zureden würden, die Schuhe zu kaufen? Sie würden hören, daß Sie widerspenstig seien; ja, Sie würden sogar beschuldigt werden, wenn Sie versuchten zu erklären, daß Ihnen die Schuhe nicht passen. Die anderen machen weiter und machen deutlich, da es ihnen gelungen sei, die Schuhe passend zu machen, sollte Ihnen das auch möglich sein.

Denjenigen in diesem Bereich, die darauf bestehen, daß eine Größe allen paßt, sagen wir ganz einfach: „Unsinn." Eine solche Vorstellung ist nicht nur falsch, sondern ausgesprochen gefährlich. Gegenwärtig suchen mehr Leute nach einer Behandlung für Alkoholprobleme als je zuvor. Diese Leute unterscheiden sich in Hinblick auf Alter, Herkunft und sozialer bzw. wirtschaftlicher Lage. Sie haben unterschiedliche Geschichten und Muster des Alkoholgebrauchs. Es ist nicht zu erwarten, daß eine einzige Behandlungsmethode allen helfen kann. Mit anderen Worten, es gibt keine Lösung – es gibt nur *Lösungen*.

Dies ist eine spannende Zeit im Bereich der Forschung über Alkoholbehandlung. Wo althergebrachtes Denken neuen und anderen Methoden Platz macht, die den Menschen, die mit Alkoholproblemen kämpfen, mehr Optionen bieten, können neue entstehen und auch untersucht werden. Mehr Optionen können natürlich in mehr Chancen übersetzt werden, etwas zu finden, das bei Ihnen wirkt. Der lösungsorientierte Ansatz – mit seinem Schwerpunkt darauf, eine Lösung zu finden, die für den Einzelnen funktioniert – hilft KlientInnen, eine Vielzahl möglicher Lösungen zu erkunden.

3. Lösung und Problem sind nicht notwendigerweise miteinander verbunden

Auf einer Reise nach Schweden fiel uns auf einem Markt ein Verkäufer auf, der Amulette, gefüllt mit pulverisiertem Rentierhorn, verkaufte. Das Pulver, so erklärte der Mann, war ein starkes Aphrodisiakum, besonders geeignet, männliche Impotenz zu heilen. Man mußte ein klein wenig davon auf die Zunge nehmen, versicherte er uns, um eine feste und lang anhaltende Erektion zu haben. Die Vorstellung, daß pulverisiertes Horn verschiedener Tiere als Aphrodisiakum gilt, war uns nicht neu. Uns waren beispielsweise ähnliche Vorstellungen aus der chinesischen Kräutermedizin bekannt – Vorstellungen, die im übrigen dazu geführt haben, daß die Spezies der Rhinozerosse beinahe vollständig ausgerottet worden ist. Wie aber, so könnte man sich fragen, waren diese Menschen, die in so verschiedenen Teilen der Welt lebten, auf dieselben Ideen gekommen?

Bevor Sie nun los laufen, um etwas pulverisiertes Rentierhorn zu kaufen, sollten Sie wissen, daß es keinerlei wissenschaftliche Belege für die Behauptungen gibt, die über diese Substanzen gemacht werden. Die Idee aber, daß ein pulverisiertes Horn ein Erektions-Problem heilen könnte, entspringt dem übermäßigen Gebrauch einer einfachen und oft hilfreichen Idee: Ursachen sollten den Wirkungen ähneln. Wird diese Idee angemessen genutzt, können wir zutreffende Urteile und Schlußfolgerungen abgeben. Der unangemessene Gebrauch dieser Idee macht uns anfällig für die Versprechungen von Scharlatanen, die sich auf unseren naiven Glauben verlassen, daß Lösungen (Ursachen) immer den Problemen, die sie lösen sollen (Wirkungen), ähneln sollen. Bezogen auf das Erektions-Problem hieße das: da die Lösung dem Problem ähneln sollte, müßte die Verabreichung einer Dosis von etwas, das wie eine Erektion aussieht, das Problem lösen.

Bevor Sie sich jetzt selber auf die Schulter klopfen, weil sie nicht Opfer einer so blöden Idee geworden sind, schauen Sie sich einige andere medizinische Quacksalbereien an, auf die AmerikanerInnen [und nicht nur die, *d.Übers.*] hereingefallen sind. Sonnenlicht und „düngerähnliche" Salbe gegen Kahlheit: schließlich sieht doch Haar so aus wie Gras, oder? Pumpgeräte zur Vergrößerung der weiblichen Brust: denn da Brüste Ballons ähneln, sollten sie denselben physikalischen Gesetzen gehorchen wie Ballons. Wir könnten so weitermachen, denn die Geschichte der westlichen Medizin enthält auch Beispiele uneffektiver, manchmal gefährlicher Behandlungen, und Menschen haben Millionen von Mark ausgegeben, um in ihren Genuß zu kommen.

Dasselbe gilt leider auch für Alkoholbehandlung. Denn lange Zeit galt, daß die Lösung des Alkoholproblems dem Problem ähneln müsse. Deshalb haben sich „spezialisierte Programme" schnell ausgebreitet, die sich voll und ganz am Alkoholkonsum der Leute ausrichten. In den USA werden wir beispielsweise ununterbrochen mit TV-Werbespots für „Heilungs-", „Abhängigkeits-" und „Drogenmißbrauchs-Programme bombardiert. Da man der Ansicht ist, daß die Lösung wie das Problem aussehen muß, betonen diese Werbungen, daß eine Hilfe für ProblemtrinkerInnen nur in Programmen zu finden ist, die sich ausschließlich auf das Problemtrinken konzentrieren. Sie treten für Abstinenz als das akzeptable Behandlungsergebnis ein und verlangen, daß die TeilnehmerInnen zu AA- und anderen Selbsthilfegruppen gehen.

Ein überraschendes Ergebnis unserer eigenen Arbeit besteht aber darin, daß die Lösung eines persönlichen Alkoholproblems nicht wie das Problem aussehen oder überhaupt mit ihm in Beziehung stehen muß. Wir selber haben mit Hunderten von KlientInnen gearbeitet, die ihr Alkoholproblem gelöst haben, indem sie etwas taten, was in keiner Weise direkt mit ihrem Problem zu tun hatte. Dazu gehörte, daß sie mehr Zeit mit der Familie verbrachten, ein körperliches Fitneß-Programm entwarfen, ein befriedigendes Hobby fanden, sich sozialen oder religiösen Gruppen anschlossen, drei gute Mahlzeiten am Tag aßen, einen Job bekamen – um nur einiges zu nennen. Die Liste ist im Grunde endlos.

Um nicht mißverstanden zu werden, wollen wir unsere Ansicht noch einmal sehr pointiert darstellen. Der wichtige Punkt ist nicht die *spezifische* Lösung, sondern überhaupt eine Lösung – wie weit diese auch immer vom Problem entfernt sein mag –, die für die einzelne Person funktioniert. EINSTEIN sagte einmal, man „kann ein Problem nicht mit derselben Denkweise lösen, mit der es erschaffen wurde." Anders gesagt, Menschen begrenzen ihre Suche nach möglichen Lösungen leider auf solche Lösungen, die angesichts des Problems, das sie zu lösen suchen, Sinn machen. Das gilt, wie Sie sicher merken, mit Sicherheit für traditionelle Behandlungen. Im Gegensatz dazu fängt lösungsorientierte Therapie, mit ihrer pragmatischen Ausrichtung an dem, was funktioniert, damit an, KlientInnen zu helfen, die Bandbreite möglicher Lösungen zu erweitern.

4. Der einfachste und am wenigsten einschneidende Ansatz ist oft die beste Medizin

Vor der Entdeckung des Penizillins behandelten Ärzte die Geschlechtskrankheit Syphilis u.a. so, daß sie die Patienten mit Malaria infizierten.

Das Fieber, das sich aufgrund der Malaria entwickelt, tötet die Bakterien ab, die die Geschlechtskrankheit verursachen, und heilt so die Patienten. Das einzige Dilemma dieser Behandlung lag darin, daß viele Patienten an Malaria starben. Genau das drückt das alte Sprichwort aus: „Die Behandlung war erfolgreich, aber der Patient ist verstorben!"

Die Geschichte der Medizin kennt viele solcher Geschichten. Zum Glück für uns hat die Medizin seitdem viele große Schritte getan. Mit jedem Fortschritt ist eine Abnahme im Umfang des Eingriffs einhergegangen. Operationen zum Beispiel, die üblicherweise Stunden dauerten, große Eingriffe verlangten und lange Genesungszeiten brauchten, haben chirurgischen Techniken Platz gemacht, die mit Laser ausgeführt werden, nur kleine Eingriffe verlangen und es der PatientIn gestatten, noch am selben Tag wieder nach Hause zu gehen. Das ist nur logisch. Wenn unser Wissen über das, was funktioniert, wächst, sollten unsere Techniken einfacher und weniger einschneidend werden.

Würde man aus den pessimistischen Aussagen verschiedener, angesehener BehandlungsexpertInnen Schlüsse ziehen, würde man nie annehmen, daß entsprechende Fortschritte in der Behandlung von Alkoholproblemen gemacht werden. Was man meistens hört, ist, daß Alkoholprobleme allen, außer den intensivsten und einschneidendsten Behandlungstechniken zu trotzen scheinen. So erklärt beispielsweise ein Experte auf der allerersten Seite seines Buches: „Es ist ein Mythos, daß *diese* Menschen ... eine Behandlung wollen. Opfer dieser Krankheit beugen sich keiner Behandlung ...[sie müssen] zur Hilfe *gezwungen* werden" (JOHNSON, 1973). Wenn er diese Leute zwingt, das Licht zu sehen, dann meint dieser Experte, daß er sie aus ihrer üblichen Umwelt herausnimmt, sie in die Klinik schickt, damit sie stationär behandelt werden und sie zwingt, an einer überaus konfrontativen Gruppentherapie teilzunehmen. Kein Gedanke daran, daß sich Bill W., der Begründer der Anonymen Alkoholiker, nie einer solchen intensiven stationären Alkoholbehandlung unterzogen und nie von solchen Techniken wie Konfrontation etwas gehört hatte. Die Behandlung ist notwendig, behaupten die ExpertInnen. Weniger, so warnen sie, garantiert, daß die Person „unglücklich und leidvoll sterben" wird. ProblemtrinkerInnen, so sagen uns die ExpertInnen, sind nie imstande, „selber mit dem Trinken aufzuhören" (JOHNSON, 1973, S. 1).

Die Wahrheit ist aber, daß die Behauptung dieser ExpertInnen für die Mehrheit der Leute mit Alkoholproblemen einfach nicht gilt. Wie wir schon erwähnt haben, beendet eine große Zahl der ProblemtrinkerInnen – vielleicht die Mehrheit – ihren problematischen Konsum allein. Darüber hinaus haben wir – wie auch andere ForscherInnen – herausgefunden, daß überaus einschneidende Behandlungstechniken wie Konfrontation ernsthafte Folgen haben können und oft auch haben, nicht zuletzt die einer hohen Abbruchrate solcher Programme.

Uns ist klar, daß diese Informationen für Sie nicht unbedingt neu sind. Möglicherweise haben Sie oder jemand, der oder die Ihnen nahesteht, schon Fehlschläge in der traditionellen Behandlung erlebt. Was immer Sie aber auch tun – erliegen Sie nicht der Versuchung, sich selber oder Ihre Angehörigen zu beschuldigen. Traditionell ausgerichteten Fachleuten bereitet es Vergnügen, Behandlungsfehlschläge mit einer „Schuldzuschreibung an die PatientIn" wegzuerklären. Beispielsweise könnte Ihnen oder Ihren Angehörigen erzählt worden sein, daß der Fehlschlag in Hinblick auf die Behandlung auf „Verleugnung" oder „Widerstand" zurückzuführen ist. Ihnen kann sogar erzählt worden sein, daß Ihre Familiengeschichte zu dysfunktional sei, um auf diese eine Behandlung anzusprechen oder daß Sie „noch nicht ganz unten" seien.

Zu diesen und allen anderen Versuchen, Behandlungsfehlschläge einzig der KlientIn zuzuschreiben, sagen wir schlicht „Unsinn". Die Wahrheit ist viel eher, daß Sie noch nicht das gefunden haben, was bei Ihnen funktioniert. Geben Sie nicht auf! Während diese Programme „Erfolgsquoten" als Beleg ihrer Effizienz anführen, haben Forschungen immer wieder belegt, daß die Rückfallquoten traditioneller Behandlung um die 90 Prozent liegen! Und die meisten Rückfälle finden statt, kurz nachdem die KlientInnen die verschiedenen Programme beendet haben. Andere Forschungen haben gezeigt, daß die Komponenten dieser Behandlung den Leuten einfach beibringen, um mehr Behandlung nachzusuchen und nicht, ihr Trinkproblem zu lösen. Das passiert so oft, daß die Fachleute sogar einen Namen dafür gefunden haben: das Drehtür-Phänomen.

Die hohen Abbruch- und Rückfallquoten traditioneller Programme haben uns zu dem Schluß geführt, daß komplexe und einschneidende Vorgehensweisen – wie stationäre Behandlung und Konfrontation – für die meisten Leute mit Alkoholproblemen nicht die Verfahren der Wahl sein können. Wie Kendrick, einer unserer KlientInnen, es einmal in Hinblick auf seine drei stationären Aufenthalte formulierte: „Du sitzt da mit dreißig bis vierzig Leuten 'rum und jeder hat dasselbe Problem wie du. Du lernst alles über die Phasen der Alkohol- und Drogenabhängigkeit, du redest über deine Gewohnheiten und was du mit Drogen gemacht hast, du redest über deine Familie und das Trinken und was du als Kind durchgemacht hast, aber niemand hat eine Antwort – nichts, was irgendwie 'was für mich brachte."

Nachdem er während seines dritten stationären Aufenthaltes von den Fachleuten als „schwierig" etikettiert worden war, wurde er sehr früh aus der Behandlung entlassen und ihm wurde gesagt, er solle wiederkommen, wenn er „bereit ist, etwas zu tun, um sein Drogen- und Alkoholproblem zu ändern." Er gab glücklicherweise nicht auf. Als er in unserer Behandlung war, war Kendrick imstande, ein sehr persönliches Programm zu entwickeln, das für ihn in der „wirklichen Welt" funktionierte. Fachleute und KlientInnen, die zusammen daran arbeiten, ein einfaches, direktes, flexibles und individuelles Programm zu entwickeln, sind eines der Kennzeichen des lösungsorientiertes Ansatzes. Jemand sagte tatsächlich einmal, daß wir „uns mit jeder kleinen schmutzigen Lösung zufrieden geben, die funktioniert." Wir verstehen das als Kompliment.

5. Menschen können in kurzer Zeit Besserungen erreichen und schaffen es auch

Auch wenn die traditionelle Auffassung, daß Alkoholismus eine Krankheit sei, zu der logischen Folgerung führt, daß Heilung ein langer Prozeß sein wird, so verweisen unsere Forschung und unsere klinische Erfahrung darauf, daß KlientInnen sich schnell von Alkoholproblemen heilen wollen und dies auch tun. Selbst wenn jede KlientIn anders ist, so kommt die Mehrzahl der mit diesem Ansatz Behandelten nur zu einigen Sitzungen (vgl. DE SHAZER, 1992). Langzeit-Behandlung ist eindeutig die Ausnahme der Regel und hat viel öfter, als vermutet, eine kleine oder gar keine Korrelation mit der Schwere oder Chronizität des jeweiligen Trinkproblems (BERG & HOPWOOD, 1992). Ähnliche Ergebnisse veranlaßten ForscherInnen am angesehenen Institute of Medicine in Washington, D.C., zu der Schlußfolgerung, daß sich die Ressourcen verschieben müßten – weg von Langzeit-, heilungs-orientierten Ansätzen hin zu effektiveren und individualisierten Behandlungsansätzen (*Alcoholism Report,* 1990).

Zu sagen, Erfolg könne schnell erreicht werden, ist nun aber nicht dasselbe wie zu sagen, daß das leicht sei. Wir warnen unsere KlientInnen oft, daß ein Lösen ihres Problems von ihnen harte Arbeit verlangt – vielleicht die härteste, die sie jemals in ihrem Leben geleistet haben. Wir haben festgestellt, daß unsere KlientInnen kaum von unserer Warnung überrascht sind. *Sie* wissen, daß ein Umgehen mit ihrem Alkoholproblem nicht einfach eine Sache von „Sag' einfach nein!" ist. So gewarnt, sind ihre Erwartungen realistischer und sie sind darauf vorbereitet, wenn sie den Herausforderungen gegenüberstehen, die die Heilung unweigerlich begleiten.

Aber, so können Sie vernünftigerweise fragen, ist es möglich, im selben Atemzug zu sagen, eine Heilung sei harte Arbeit und sie könne rasch erreicht werden? Die Antwort findet sich im nächsten Prinzip lösungsorientierter Arbeit.

6. Änderung geschieht ständig

Stabilität ist eine Illusion. Um dies zu veranschaulichen, erzählen wir unseren Auszubildenden wie unseren KlientInnen oft, daß das Leben eher einem Fluß als einem See gleicht. Anders gesagt, Menschen sind weit entfernt davon, einfach stabil und statisch zu sein, denn sie befinden sich in einem ständigen Fließen, wenn sie sich dem Lauf des Lebens anpassen und entsprechend ändern. Sehr oft hängt eine erfolgreiche Behandlung davon ab, diese natürlichen Veränderungen zu erkennen und den Menschen zu helfen, diese bewußt zu nutzen, um Änderungen zu erreichen. Anders gesagt, wir haben festgestellt, daß Erfolg davon abhängt, mit dem Strom zu schwimmen, statt ihn zu stauen.

Auch wenn die Idee, daß Änderung unvermeidlich ist, in der Geschichte der Menschheit nicht neu ist, so ist sie doch im psychosozialen Bereich eher ungewöhnlich. Traditionelle Behandlung geht davon aus, daß Änderung nicht nur *nicht* unvermeidlich, sondern meistens auch unwahrscheinlich ist. Traditionelle Theorien und Methoden behaupten, daß Probleme ihrem Wesen nach konstant seien. Ein typischer Ausdruck dieser pessimistischen Haltung ist mindestens einmal in jeder traditionellen Behandlung zu hören: „Einmal Alkoholiker, immer Alkoholiker." In den meisten Fällen ist die einzige unvermeidliche Änderung, die überhaupt von traditionellen Programmen anerkannt wird, die zum schlechteren. Betrachten Sie noch einmal den Standpunkt von Vernon JOHNSON, einem der führenden Experten traditioneller Alkoholbehandlung: „Wenn die abhängige Person keine Hilfe erhält, wird er oder sie sterben ... Abhängigkeit schreitet weiter und voran ... [und] das heißt, daß sie immer schlimmer wird" (1986, S. IX).

Lassen wir die ExpertInnen beiseite, dann sieht unsere Erfahrung mit KlientInnen, die ein Trinkproblem haben, so aus, daß eine Änderung zum besseren ebenso – wenn nicht sogar mehr – wahrscheinlich ist wie eine Änderung zum schlechteren. Nichts geschieht ununterbrochen die ganze Zeit. Anders gesagt, es gibt immer eine Ausnahme, so daß ein Erkennen von und Aufbauen auf vorangegangenen Erfolgen und sich vollziehenden Änderungen wesentliche Elemente lösungsorientierter Arbeit darstellen. Nehmen wir z.B. den Fall von Roger, einem 54jährigen Mann, der sich selbst als „Alkoholiker" beschreibt. Er suchte bei uns nach einer zweieinhalbmonatigen Sauftour, die ihm fast das Leben gekostet hatte, Hilfe. Roger sagte, er trinke, seit er „sehr jung" war und er war im Laufe der Zeit in sehr vielen unterschiedlichen Behandlungsprogrammen gewesen. Als wir ihn fragten, ob es jemals Zeiten gegeben hätte, in denen er erfolgreich seine Probleme mit Alkohol gemanagt hätte, sah er uns an, irgendwie durcheinander, und antwortete, daß es wirklich Zeiten gegeben habe, wo Alkohol für ihn kein Problem gewesen ist. Er hatte nicht nur aufgehört zu trinken, ehe er zu uns kam, sondern er war auch in der Lage, lange Zeiträume zu beschreiben – Monate und Jahre – , in denen er erfolgreich sein Trinken gezügelt hatte. Nach Einzelheiten gefragt, konnte Roger genau angeben, was er in diesen Zeiten getan hatte, was zu seinem Erfolg beigetragen hatte. Am Ende war das einzige, was wir taten, Roger dabei zu helfen, einen Plan zu entwickeln, die Dinge zu tun, die bereits früher funktioniert hatten (MILLER, 1992).

7. Fokussiere auf Stärken und Ressourcen und nicht auf Schwächen und Defiziten

Vor kurzem leiteten wir einen Zwei-Tage-Workshop über lösungsorientierte Therapie. Wie es manchmal so ist, verbrachte eine Therapeutin den größten Teil des ersten Tages damit, Einwände und ärgerliche Kommentare über das Material, das wir verteilten, zu denen, die in ihrer Nähe saßen, zu äußern. „Wir sind", so informierte sie uns und die ZuhörerInnen, „klar beim Verleugnen!"

Zu unserer Überraschung kam die Frau am nächsten Morgen wieder und saß still da und schrieb mit. Die Überraschung wich aber rasch einer Paranoia, als sie uns am Ende des Workshops ansprach und darum bat, uns privat zu treffen. Vor kurzem waren KollegInnen von uns mit Eiern beworfen worden und hatten Todesdrohungen erhalten, nachdem sie einige der geschätzten Annahmen des traditionellen Ansatzes infragegestellt hatten.

Die Frau begann das private Treffen, indem sie uns erzählte, wie wütend sie am Tag vorher gewesen war. Diese Gefühle, so sagte sie uns, hatten noch lange angehalten, nachdem sie gegangen war. Verstört von deren Intensität hatte sie den Abend damit verbracht, herauszufinden, weswegen sie so erregt war. Nach vielen Überlegungen, so erzählte sie uns, hätte sie schließlich den Ursprung ihres Ärgers erkannt. Die Frau, selber Therapeutin, war fast zehn Jahre in Therapie gewesen. „Nicht ein einziges Mal während dieser ganzen Zeit", sagte sie uns unter Tränen, „hat mein Therapeut mir etwas gesagt, das in meinem Leben in Ordnung ist!"

Die Geschichte der Therapeutin ist nicht nur traurig, sondern tragischerweise auch üblich. Stärken und Ressourcen der Menschen sind traditionell aufgrund der verbreiteten Annahme ignoriert worden, daß Probleme aus zugrundeliegenden Schwächen oder Defiziten resultieren. Diese Defizite, so erklären uns ExpertInnen, müssen thematisiert werden, wollen wir überhaupt hoffen, unsere Probleme jemals zu lösen. Deswegen haben TherapeutInnen eine nie endende Liste von Schwächen angeboten: gewährendes und strenges Elternverhalten, rigide und nachgiebige Sauberkeitserziehung, fehlendes und übermäßiges Stillen, etc. Und seit neuestem bieten ExpertInnen das „verwundete innere Kind" als Ursache all unseres Leidens an. Die widersprüchliche, inkonsistente Qualität ihres Rates kann jemanden aber dazu bringen, sich zu fragen, ob die ExpertInnen überhaupt wissen, wovon sie sprechen (COONTZ, 1992).

Eines aber scheinen sie ganz sicher zu wissen, nämlich daß Sie krank sind. Ihre einzige Hoffnung besteht darin, Ihre Schwächen und Defizite offenzulegen und zu akzeptieren. Der erste Schritt der Anonymen Alkoholiker besteht ja auch darin, zuzugeben, daß man dem Alkohol gegenüber machtlos ist. Zu solchen und allen anderen Prophezeiungen der Verdammnis sagen wir wiederum „Unsinn!" Menschen sind dem Alkohol gegenüber nicht machtlos und waren es auch nie. Es existiert ganz einfach keine Forschung, die die Idee untermauert, daß Menschen ihr Trinken nicht kontrollieren können; wie bei fast allem, wofür die populärwissenschaftliche Heilungsbewegung eintritt, verweist Forschung tatsächlich darauf, daß eher das Gegenteil zutrifft. Menschen sind imstande, ihr Trinkproblem in die Hand zu nehmen und zu handhaben. Das, was etwas zu bedeuten scheint, ist, ob die Person daran *glaubt*, daß er oder sie das eigene Trinken kontrollieren kann. Das konnte in einer klassischen Studie über die Effekte des Alkohols sehr deutlich gezeigt werden.

ForscherInnen unterteilten AlkoholikerInnen in vier Gruppen. Jede Gruppe wurde aufgefordert, den Geschmack von drei verschiedenen Getränken einzuschätzen und ihnen wurde gesagt, daß sie soviel davon trinken konnten, wie sie wollten (MARLATT, DEMING & REID, 1973). Die vier Gruppen unterschieden sich lediglich darin, was sie über die Getränke glauben sollten. Der einen Gruppe wurde gesagt, daß ihnen drei verschiedene Getränke angeboten würden, die Alkohol enthielten – während ihnen in Wirklichkeit alkoholfreie Getränke angeboten wurden. Die zweite Gruppe sollte glauben, daß die drei Getränke keinen Alkohol enthielten, während in Wirklichkeit alle drei Alkohol enthielten. Der dritten

Gruppe wurden alkoholfreie Getränke gegeben und ihnen wurde gesagt, daß sie keinen Alkohol enthielten, wohingegen die vierte Gruppe alkoholische Getränke erhielt und ihnen gesagt wurde, daß sie Alkohol enthielten. Jeder Gruppe wurde Zeit gegeben, die drei Getränke zu probieren und zu schmecken. Die ForscherInnen fanden, daß bei den beiden Gruppen, die irregeleitet wurden, die Menge, die die Leute tranken, davon abhing, wieviel Alkohol sie im Getränk *vermuteten* und nicht, wieviel Alkohol tatsächlich enthalten war.

Die Forschung bestätigte, was der berühmte Psychologe William JAMES vor fast hundert Jahren beobachtet hatte: „Die größte Entdeckung meiner Generation ist die, daß menschliche Wesen, indem sie die innere Haltung ihres Geistes verändern, die äußeren Aspekte ihres Lebens verändern können. Es ist aber sehr ärgerlich, daß mehr Leute diese ungeheure Entdeckung nicht akzeptieren und damit leben werden" (zit. n. FRIEDMAN, 1993). So wie JAMES und diese ForscherInnen haben wir auch festgestellt, daß das, was Menschen von und über sich und Alkohol glauben, einen weitreichenden Einfluß auf das therapeutische Ergebnis haben kann. Menschen mit Alkoholproblemen sind nicht *ihrem Wesen nach* diesen Substanzen gegenüber machtlos. Die Menschen, mit denen wir gearbeitet haben, zeigten eine breite Palette von Fertigkeiten und Ressourcen, die sie bei ihrem Alkoholproblem anwenden können. Diese Stärken sind ein besserer Führer zur Heilung als ihre Schwächen. Stärken entdecken und sie in ein persönliches Heilungsprogramm integrieren, ist eine Strategie, die bei Menschen mit Alkoholproblemen gut funktioniert.

Es ist für die Stärke eines Menschen nicht ungewöhnlich, unter einem Berg von Schuld und Schande über Kindheit, persönliches Versagen oder Alkoholproblemen beerdigt zu sein. Die Tatsache, daß die Stärken eines Menschen nicht immer sofort erkennbar sind, kann der Grund dafür sein, daß die ganze populäre Heilungsbewegung sich damit täuschen ließ, es würde sie nicht geben. Aber nichts wäre falscher. Dr. WOLINS Forschungen haben beispielsweise ergeben, daß, während traditionellerweise seit Jahren angenommen wurde, daß „eine traumatische, unglückliche Kindheit unweigerlich zu schlechterer psychologischer Funktionstüchtigkeit als Erwachsener führt ... wir sehen, daß Kinder mit Feindseligkeit umgehen können und daß ironischerweise ein besseres Gefühl persönlicher Kompetenz daraus entstehen kann, die Herausforderungen einer Problemfamilie erfolgreich gemeistert zu haben" (WOLIN & WOLIN, 1993, S. 18). Ob Sie in einer Alkohol-Familie aufwuchsen, Mißbrauch durch einen nahen Verwandten erlitten oder später in Ihrem Leben ein Alkoholproblem entwickelten – Sie haben auch noch Stärken und Ressourcen, die sich nutzen lassen, um mit Ihrem aktuellen Problem zurechtzukommen.

Wir möchten unsere Auffassung klar machen. Wenn wir sagen, eine Person hat Stärken und Ressourcen, dann heißt das nicht, daß diese Person nicht leidet oder daß ihr Leiden unwichtig ist. Ganz im Gegenteil – wenn Menschen nicht leiden, würden sie wahrscheinlich nicht nach Hilfe suchen oder Selbsthilfe-Bücher wie dieses lesen. Leid ist ein großer Motivator. Aber zu sagen, Leid motiviert uns, Hilfe zu suchen, ist nicht dasselbe, wie zu sagen, dies würde auch für die Lösung gelten. Aus bestimmten Gründen ist die Ausrichtung auf Leid, Schwäche und Defizit zu einem Standardvorgehen in der Behandlung geworden. Überall sollen Menschen TherapeutInnen aufsuchen, sich in Selbsthilfe-Gruppen zusammenschließen und veranlaßt werden, über ihr Leid zu sprechen. Leute zu drängen, ihr Leid und ihre Schwäche zu bekennen, ist in der Tat so sehr zu einem Teil der Kultur um die Therapie geworden, daß ein Psychoanalytiker gesagt hat, daß Therapie meist beschrieben werden kann als „zwei Leute, die allein in einem Raum sitzen und reden, bis einer von beiden weint" (REISER, 1984). Leid kann uns auf den Weg bringen, aber Stärken und Ressourcen helfen uns, auf dem Weg zu bleiben und die Arbeit zu beenden.

8. Fokussiere auf die Zukunft und nicht auf die Vergangenheit

Fast von Anfang an sind traditionelle Ansätze auf einer psycho-archäologischen Expedition gewesen. D.h. Romanze mit der Vergangenheit, verbunden mit der uralten Warnung, daß die „Sünde der Väter die Kinder heimsuchen" wird, hat PraktikerInnen glauben lassen, daß der Weg zur Heilung damit beginnt, das Tor zur Vergangenheit aufzuschließen. Hunderte, ja vielleicht sogar Tausende von Menschen sind ermuntert worden, Lösungen für ihre gegenwärtigen Probleme zu suchen, indem sie ihre Kindheit nach Schäden durchforsten. Man könnte sagen, daß es eine der großen Marketing-Strategien des 20. Jahrhundert war, Leute davon zu überzeugen, daß ihre Probleme von Ereignissen in der Kindheit verursacht sind. Die ganze Idee, Probleme wurzelten in der Kindheit, ist inzwischen allgemeiner Bestandteil der amerikanischen [und wohl auch der deutschen, *Anm.d.Übers.*] Kultur geworden. Allein ein kurzer Blick in TV-Talkshows und Druckmedien zeigt, wie Diskussionen der Vergangenheit aus dem Therapiezimmer hinaus- und in den Alltag hineingeschlüpft sind.

Dieser Marsch in die Vergangenheit ist so komisch geworden, daß einige psychosoziale Fachleute darauf beharren, daß Probleme nicht so sehr aus unserem frühen Leben stammen, sondern aus unseren früheren! Im Sinne traditioneller Behandlung befürworten diese Fachleute, sich auf die Vergangenheit zu konzentrieren; dieses Mal erfolgt die Suche nach Lösungen in der Vergangenheit durch Hypnose, die Menschen in ihr *früheres* Leben regredieren läßt. Trotz völligen Fehlens wissenschaftlicher, psychologischer und medizinischer Beweise einer solchen Behandlung gewinnt dieses Vorgehen ständig an Popularität. Man kann nur spekulieren, wie sich solche Annahmen zukünftig auf die amerikanische Kultur auswirken werden (WEISS, 1988).

Erfolgreiche Behandlung von Alkoholproblemen fängt damit an, herauszuarbeiten, wie die Behandlung enden wird. Ein altes Sprichwort lautet: „Wenn du nicht weißt, wohin du gehen willst, wirst du auch woanders landen." Anstatt auf „Knochensuche" zu gehen, beginnt lösungsorientierte Arbeit damit, den Leuten zu helfen, konkrete, realistische Karten davon zu entwickeln, wo sie hin möchten. Eben deshalb fragen wir unsere KlientInnen immer wieder, wie sie wissen werden, wann sie mit der Behandlung durch sind – anders gesagt, wie werden sie wissen, wann wir mit solchen Treffen aufhören können.

Dies sind die grundlegenden Prinzipien lösungsorientierter Arbeit. Aber ehe wir weitergehen können, wollen wir klarmachen, daß kein Buch – und aus demselben Grund auch keine Behandlungsmethode – jedem Menschen helfen kann. Als wir es aufgaben, auf traditionelle Weise zu arbeiten, haben wir auch die Hoffnung aufgegeben, wir könnten den richtigen Weg finden, Menschen zu helfen, sich vom Alkohol zu heilen. Die komplexe Natur des Problems widersetzt sich einer einfachen, gleichförmigen „eine-Größe-paßt-allen"-Lösung. Im ständigen Kampf gegen das Alkoholproblem ist nicht *die* Antwort notwendig, sondern viele Antworten, nicht eine mögliche Behandlung, sondern viele Behandlungsmöglichkeiten, keine Gläubigen des wahren Weges, sondern ein Weg für Menschen, eine Wahrheit zu finden, an die sie glauben können. Anders gesagt, was nötig ist, ist eine Konzentration auf das, was funktioniert.

Die Kurz-Übersicht

Unser Augenmerk auf dem, was funktioniert, hat uns das schaffen lassen, was wir „die Kurz-Übersicht der Wunder-Methode" nennen. Am Ende jedes Kapitels finden Sie eine Zusammenfassung der wichtigen Punkte des Kapitels. Wir haben dieses System geschaffen, weil wir der Ansicht

sind, daß es oft schon der halbe Weg für unsere KlientInnen mit Trinkproblemen gewesen ist, sich an die verschiedenen Ideen, Strategien und
Techniken zu erinnern. Wenn es ihnen irgendwie gelang, diese Ideen
im Kopf zu behalten, erhöhten sie die Wahrscheinlichkeit, daß ihr Verhalten in die gewünschte Richtung ging.

Da eben dies – die Prinzipien des lösungsorientierten Ansatzes zu erinnern – eines der Dinge ist, von denen wir wissen, daß sie „funktionieren", beenden wir dieses Kapitel mit der ersten dieser Kurz-Übersich-
ten.

Kurz-Übersicht der Wunder-Methode

Prinzipien des lösungsorientierten Ansatzes

1. Kein Ansatz paßt für alle.

2. Es gibt mehr als eine mögliche Lösung.

3. Lösung und Problem sind nicht notwendigerweise miteinander verbunden.

4. Der einfachste und am wenigsten einschneidende Ansatz ist oft
die beste Medizin.

5. Menschen können in kurzer Zeit Besserungen erreichen und schaffen es auch.

6. Änderung geschieht ständig.

7. Fokussiere auf Stärken und Ressourcen und nicht auf Schwächen
und Defiziten.

8. Fokussiere auf die Zukunft und nicht auf die Vergangenheit.

---

3. Die Tür zur Lösung aufschließen

Sechs Schlüssel zum Erfolg

> In dreams we do so many things,
> we set aside the rules we know.
> And fly above the world so high
> in great and shining rings.
> If only we could always live in dreams,
> *if only we could make of life*
> *what in dreams it seems...*
>
> W. JENNINGS & R. KERR *In the Real World*

> Wo keine Offenbarung [„vision"] ist, da wird das Volk wild und wüst
>
> Sprüche 29:18

In einer unserer Lieblingsepisoden aus M*A*S*H wird Korporal Klinger, der meist dabei ertappt wird, irgendeine körperliche oder seelische Krankheit vorzutäuschen, um dem Militärdienst zu entgehen, ernsthaft krank. Zunächst arbeiten Captain Hunnicut und Pierce sehr hart, um die richtige Diagnose zu finden, die Klinger hohes Fieber brachte und ihn ins Delirium versetzte. Da Hunnicut und Pierce sehr besorgt sind, daß das hohe Fieber Klinger töten könnte, wenn es nicht zutreffend diagnostiziert und behandelt wird, untersuchen sie viele mögliche Ursachen. Während sie sich über die korrekte Diagnose der merkwürdigen Krankheit streiten, verschlechtert sich Klingers Zustand und er halluziniert ein Gespräch mit einem toten Soldaten. Ihre Meinungsverschiedenheit führt dazu, daß sich Schwester Houlihan und Kolonel Potter auch einmischen. Hunnicut, Pierce, Houlihan und Potter diskutieren, erwägen und streiten miteinander über Klingers Krankheit, der zur selben Zeit ins Koma sinkt.

Irgendwann gegen Ende der Geschichte sind alle der Meinung, daß, will man die korrekte Diagnose herausfinden, man etwas tun muß, um Klingers hohe Temperatur unter Kontrolle zu bekommen. Sonst könnte Klinger sterben! Ohne große Diskussion sind sie alle schnell der Meinung, den Korporal in Eis zu legen. Klingers Temperatur fällt natürlich sofort und die lebensgefährliche Krise ist vorbei. Kolonel Potter, der über die Schwierigkeiten nachdenkt, die er und seine Offizierskameraden hatten, das Problem zu lösen, beobachtet: „Wir waren so damit beschäftigt, herauszufinden, was das Problem war, daß wir die *offensichtliche Lösung* ignorierten!"

Die offensichtliche Lösung

Genau jetzt stirbt Korporal Klinger im Bereich der Alkoholbehandlung, während Tausende von Fachleute darüber streiten, was ihn umbringt. D.h. sie verbringen viel Zeit damit, den Leuten zu helfen, die vermutlich zutreffenden, eindeutigen Ursachen der Probleme, unter denen sie leiden, zu entwirren. Das Feld hat tatsächlich keinen Mangel an möglichen Erklärungen für Probleme, die aus dem Alkoholkonsum resultieren. So hören wir beispielsweise von „dysfunktionalen" Familien, „Ko-Abhängigkeit" und den „erwachsenen Kindern des Alkoholsyndroms", der „alkoholischen Persönlichkeit" und der „genetischen Basis des Alkoholismus".

Für diese Vorstellungen existiert nicht nur eine sehr geringe wissenschaftliche Untermauerung – sie weisen uns auch nicht den besten Weg, um diese Probleme zu lösen. Wenn man davon ausgeht, daß die Lösung vom Problem bestimmt wird, dann ist es wahrscheinlich, daß einige merkwürdige und sogar wenig hilfreiche Praktiken auftauchen. So hört man beispielsweise oft von ExpertInnen, daß die meisten psychosozialen Probleme – Problemtrinken eingeschlossen – sich aus unterdrückten Gefühlen ergeben. Im Jargon der populären Psychologie heißt es, daß diese Gefühle „feststecken". Wo diese Gefühle „feststecken", ist nicht ganz klar, aber was erwartet wird, zumindest wenn es nach den ExpertInnen geht, ist: sie ausdrücken, über sie sprechen, „sie herausbringen!" In Büchern, Artikeln und populären TV-Talkshows werden „feststeckende" Gefühle als Ursache vieler Probleme, denen Menschen in unserer Gesellschaft gegenüberstehen, propagiert.

Dies gilt insbesondere für die Ratschläge, die uns ExpertInnen bezüglich des Ärgers und der Wut geben. In unserer Gesellschaft, so wird uns erzählt, hat Ärger und Wut epidemische Ausmaße erreicht. Woher wissen wir das? Ein entscheidendes Beispiel ist die zunehmende Gewalt in unserer Gesellschaft. Gewalt, so sagen ExpertInnen, läßt sich auf das allgemeine Unvermögen, Gefühle von Wut und Ärger auszudrücken, zurückführen. Den Ärger und die Wut nicht ausdrücken, so warnen sie, führt zu den schrecklichen Konsequenzen, die wir jeden Abend in den Fernsehnachrichten sehen können! Wenn wir von den vermuteten Ursachen aus logisch weiterdenken, finden wir natürlich, daß die Heilung darin besteht, die Wut und den Ärger auszudrücken. Wenn wir die zunehmende Gewalt in unserer Gesellschaft beurteilen, dann scheint uns, daß das Problem darin besteht, daß die Menschen ihren Ärger nicht genügend wegdrücken. Man könnte tatsächlich genauso berechtigt argumentieren, daß die zunehmende Gewalt nicht daher kommt, daß die Leute ihre Wut- und Ärger-Gefühle „wegstecken", sondern ganz genau daher, daß sie dem allgegenwärtigen Rat folgen, „ihn immer herauszukehren."

Was ist also die offensichtliche Lösung? Sie wissen schon viel über Ihr Problem. Und Sie würden dieses Buch vermutlich nicht lesen, wenn Sie nicht irgend etwas daran machen wollten. Was Sie – genau wie Korporal Klinger – nicht brauchen, ist eine Gruppe von ExpertInnen, die Ihnen hilft, herauszufinden, wie Ihre Diagnose lautet (d.h. Problem-TrinkerIn, AlkoholikerIn oder Alkohol-Persönlichkeit) oder was das Alkoholproblem, das Ihnen zu schaffen macht, verursacht (d.h. dysfunktionale Familiengeschichte, erwachsenes Kind alkoholischer Eltern, Ko-Abhängigkeit oder Vererbung). Wir stellen wirklich oft fest, daß *Menschen sich dann Erklärungen ihres Verhaltens zuwenden, wenn sie es nicht geschafft haben, es zu verändern.* Diese Tendenz trifft auch auf ExpertInnen zu.

Als Kolonel Potter, Schwester Houlihan und Captain Hunnicut und Pierce es schließlich aufgaben, nach der Ursache für Klingers Beschwerden zu suchen und sich stattdessen auf das Problem, das sie lösen wollten, konzentrierten, ergab sich die offensichtliche Lösung sehr rasch. Wie machen sie das? Sie konzentrieren sich auf das, was anders sein soll – in diesem Fall etwa, daß Klingers Temperatur sinkt. Anders gesagt, sie fokussieren auf das Ergebnis, das Ziel oder die Lösung, die sie anstreben, statt auf Diagnose, Problem oder Schwierigkeit, die sie nicht wollen.

Die offensichtliche Lösung für Problemtrinken ist die, ganz genau herauszufinden, was anders sein soll, wenn das Problem, das sie belastet, gelöst ist. Je genauer Sie spezifizieren können, wie Sie wollen, daß die Dinge anders sind, wenn Ihr Problem gelöst ist, desto eher können Sie die Tür zu dieser Lösung aufschließen. In diesem Kapitel wollen wir sechs spezifische „Schlüssel" beschreiben, um diese Tür aufzuschließen. Zuerst aber wollen wir an die Tür gehen.

Die Tür zur Lösung

Kürzlich führte ein bekannter Forscher aus dem Bereich der Alkoholbehandlung eine interessante Untersuchung durch (MILLER, 1987; PARKER et al. 1979). Der Forscher teilte die Leute mit Trinkproblemen in zwei

Gruppen. Jede Gruppe erhielt dann eine von vier verschiedenen Behandlungen. Die Behandlungen reichten von wenig intensiven bis überaus intensiven. Der einzige wirkliche Unterschied zwischen den beiden Gruppen bestand darin, daß die Leute in der ersten Gruppe wählen konnten, welche der vier Behandlungen sie wollten, wohingegen die Leute in der zweiten Gruppe jeweils einer der vier Behandlungsformen *zugewiesen* wurden.

Das wichtigste Ergebnis dieser Studie besteht darin, daß diejenigen, die wählen konnten, mit größerer Wahrscheinlichkeit hart arbeiten, um ihr Problem zu lösen, als diejenigen, die nicht wählen konnten. Ein zweites Ergebnis der Studie besteht darin, daß diejenigen, die wählen konnten, mit größerer Wahrscheinlichkeit nach weiterer Hilfe fragen, wenn sie sie brauchen, als diejenigen, die nicht wählen konnten. Es traf zu, daß diejenigen, die zu einer Behandlung gezwungen wurden, die sie nicht gewählt hatten, eher die Behandlung abbrachen und weniger nach weiterer Hilfe suchten, selbst wenn sie diese brauchten.

Die Ergebnisse dieser Studie bestätigen die Volksweisheit: „Du kannst ein Pferd ans Wasser führen, aber trinken muß es selber." Dieselben Ergebnisse widersprechen allerdings den Anschauungen der meisten traditionellen Behandlungsprogramme, die davon ausgehen, daß Menschen mit Alkoholproblemen in gleicher Weise „keinen Bezug zur Wirklichkeit haben" und deshalb zu einer Behandlung gezwungen werden müssen. Wie aber die Forschung deutlich macht, gehen Konfrontation und fehlende Wahl der Behandlungsoptionen zusammen, um die schlechten Erfolgsergebnisse hervorzubringen, die oft in Programmen bestehen, die für solche schwerfälligen Taktiken eintreten (MILLER et al., 1993). Die Implikation dieser Forschungen ist die, daß niemand durch eine spezifische Tür gezwungen, sondern jeder ermutigt werden sollte, eine Tür zu finden, die ihn oder sie interessiert und die er oder sie öffnen möchte. Die Tür zur Lösung zu finden, beginnt mit einer Entscheidung: „Ich will, daß mein Leben auf eine Art anders ist, auf meine Art anders ist." Die ProblemtrinkerIn sollte weder „geschoben" noch „geschubst" werden, rät das *Big Book*, „der Wunsch muß von innen heraus kommen" (Anonyme Alkoholiker, 1976).

> Die „Tür zur Lösung" zu finden,
> beginnt mit einer *Entscheidung*.

Wie, so fragen Sie mit Fug und Recht, können Sie daran gehen, die richtige Tür zu finden und zu wählen? Es war das Jahr 1984, als eine unserer KlientInnen uns den Weg wies. Eine Frau bat um einen Termin und verlangte, noch am selben Tag kommen zu können, da es sich um einen Notfall handele. Sie begann bei der Anmeldung zu schluchzen, als sie davon sprach, daß das Trinken ihres Mannes außer Kontrolle geraten und er sogar ihr gegenüber gewalttätig geworden war. Mary, so wollen wir sie nennen, kam tränenüberströmt zum vereinbarten Termin. Als sie den Raum betrat, sagte sie beim Setzen: „Mein Problem ist so schwerwiegend, daß nur ein *Wunder* es lösen kann!" Der Therapeut folgte ihrer Vorgabe, indem er einfach fragte: „Okay, Mary, nimm` einmal an, es geschähe ...?"

Nach einigen Minuten schweigenden Nachdenkens fing Mary an zu beschreiben, was sie an der Situation, die sie bedrückte, anders haben wollte. Als sie das, was sie wollte, eingehender beschrieb, schlich sich ein Lächeln auf ihr Gesicht und ihre Stimme wurde hoffnungsvoller. Am Ende der Sitzung hatte Mary sehr genau die Richtung beschrieben, in die sie gehen wollte. Als sie aufstand, um zu gehen, sagte sie dem Therapeuten, daß sie sich „viel besser" fühle. Mary kam eine Woche später zur nächsten Sitzung und berichtete, daß sie dieses Gefühl in einige kleine, aber bedeutsame Änderungen in ihrem Leben und in ihrer Ehe umgesetzt hatte.

Der Erfolg, den wir bei Mary verzeichneten, brachte uns dazu, alle unsere KlientInnen zu bitten, während der Sitzung so zu tun, als ob ein Wunder geschehen wäre, das ihr Problem gelöst hatte. Wir fanden überraschenderweise, daß andere KlientInnen genau wie Mary darauf reagierten. Wir beobachteten beispielsweise, daß KlientInnen, die eine große Bandbreite persönlicher und familiärer Probleme erlebten, von einfachen bis sehr belastenden, hoffnungsvoller wurden und beim nächsten Mal davon berichteten, Schritte in die gewünschte Richtung getan zu haben. Viele Leute fanden tatsächlich, daß sie schon etwas von dem, was sie wollten, erlebten, wenn sie erst einmal imstande waren, es klar auszusprechen, indem sie darüber nachdachten, daß das Wunder geschehen war.

Im Laufe der Jahre fanden wir heraus, daß es den Leuten half, ihre eigene Tür zur Lösung zu finden, wenn wir ihnen diese Frage nach dem Wunder stellten. Sie können Ihre Tür zur Lösung finden, indem Sie sich etwas Zeit nehmen und sich diese Frage jetzt selber stellen.

> Die Tür zur Lösung wird geöffnet,
> wenn Sie sich vorstellen,
> wie Sie sich Ihr Leben anders wünschen,
> wenn Ihr Problem erst einmal gelöst ist.

Seien Sie nicht entmutigt, und geben Sie nicht auf, wenn Sie anfangs Schwierigkeiten haben, sich vorzustellen, wie Ihre Situation anders aussähe, wenn ein Wunder geschehen wäre. Haben Sie Geduld mit sich! Wir haben schon im letzten Kapitel darauf hingewiesen, daß wir zumeist gar nicht über die Situation nachdenken, die wir uns wünschen; wir denken üblicherweise an das Problem, das wir haben. Und so geht es:

Nehmen Sie einmal an, heute abend, nachdem Sie ins Bett gegangen und eingeschlafen sind, geschieht ein Wunder! Das Wunder besteht darin, daß das Problem oder die Probleme, mit denen Sie kämpfen, gelöst sind! Genau das! Da Sie aber schlafen, wissen Sie nicht, daß ein Wunder geschehen ist. Sie verschlafen einfach das Ganze. Wenn Sie dann morgen früh aufwachen, *was wäre eine der ersten Sachen*, die Ihnen auffallen würden, die anders wären und die Ihnen sagen würden, daß das Wunder geschehen und Ihr Problem gelöst ist?

Nehmen Sie sich jetzt einfach die Zeit, um über Ihre Antwort sorgsam nachzudenken. Die meisten Menschen finden es hilfreich, ihre Antworten aufzuschreiben. Wenn Sie das noch nicht gemacht haben, wäre vielleicht jetzt ein guter Zeitpunkt, mit dem Notizheft anzufangen, das wir im ersten Kapitel erwähnt haben. Ihre erste Eintragung kann Ihre Antwort auf die Wunder-Frage sein.

Wenn Sie der Typ sind, der am besten lernt, wenn er anderen zuschaut oder zuhört, könnte es für Sie sinnvoll sein, die Antworten zu hören (lesen), die eine unserer KlientInnen auf die Wunder-Frage gab, ehe Sie es selber versuchen. Wir verwenden in diesem Kapitel Auszüge aus diesem Fall, um sowohl die Wunder-Frage als auch einige andere wichtige Aspekte zu verdeutlichen.

Auf der Verladerampe trinken

Lee war der 36jährige Vorarbeiter einer großen Transportfirma. Er war nach relativ kurzer Zeit vom Verlader zum Vorarbeiter aufgestiegen, da er sich sehr bereitwillig zeigte, hart und schwer zu arbeiten und da er das hatte, was sein Chef eine „können und machen"-Haltung nannte. Lee war mächtig stolz auf diese Beförderung. Keiner in der Firma war so schnell aufgestiegen.

Lees schneller Aufstieg in der Firma hatte aber einen hohen Preis. Vorarbeiter sein bedeutete beispielsweise, daß Arbeit und Verantwortung extrem anstiegen. Aber die Änderungen zwischen Lee und seinen früheren Kollegen und Freunden an der Verladerampe waren noch einschneidender. Viele, die ihm seinen Erfolg neideten, weigerten sich, mit ihm zu reden. Einige sabotierten sogar die Arbeit. Zuerst hatte Lee weiter seine „können-machen"-Haltung diesen Änderungen gegenüber an den Tag gelegt. Schließlich aber fing er an zu trinken, um so mit dem neuen Streß und der Einsamkeit umgehen zu können.

Als Lee zu uns kam, war seine Stelle als Vorarbeiter in Gefahr. Seine Arbeitsleistung hatte sich in den letzten Monaten verschlechtert und in der Führung hatte man mitbekommen, daß er während der Arbeit trank. Nachdem Lee uns seine Geschichte erzählt hatte, stellten wir ihm die „Wunder"-Frage*:

Ther.: Lee, ich möchte Ihnen eine etwas ungewöhnliche Frage stellen.

Lee: Okay.

Ther.: Es erfordert, daß Sie sich einige Sachen vorstellen.

Lee: Klar, schießen Sie los.

Ther.: Okay. Angenommen, heute abend, nach unserem Treffen, gehen Sie nach Hause, gehen zu Bett und schlafen ein.

Lee: Das verstehe ich.

Ther.: Und während Sie schlafen, *geschieht ein Wunder.*

Lee: Hmh.

Ther.: Das Wunder besteht darin, daß das Problem oder die Probleme,mit denen Sie kämpfen, gelöst sind!

Lee: Ich habe diese Probleme nicht mehr.

---

*) Bei diesem Fall war Larry HOPWOOD, Ph.D., M.S.W., der Therapeut. Larry ist geschäftsführender Direktor von *Problems to Solutions, Inc.*, Milwaukee, Wisconsin

Ther.: Ja. Ganz genau! Ihre Probleme sind gelöst. Da Sie aber schlafen,wissen Sie nicht, daß das Wunder geschehen ist. Sie haben das Ganze verschlafen. Wenn Sie dann morgen früh aufwachen, was wäre eines der ersten Dinge, die Sie bemerken würden, die anders wären und die Ihnen sagen würden, daß ein Wunder geschehen und daß Ihr Problem gelöst ist?

Lee: (*Pause*) Ich hätte nicht mehr das Gefühl, ich müßte meine ganze Energie aufwenden, um die Sachen auf die Reihe zu kriegen.

Ther.: Hmh.

Lee: Ich würde wieder mein Leben leben. Ich wäre nicht mehr so bedrückt und negativ. Ich wäre glücklicher und positiver. Ich würde auf der Arbeit lächeln und vielleicht sogar lachen.

Ther.: Ja. Was noch?

Lee: Ich würde nicht mehr die ganze Zeit die Augenbrauen zusammenkneifen und die Stirn in Falten legen und ich hätte nicht mehr diese Schmerzen in der Brust. Ich würde wieder 'rausgehen und wieder 'rumlaufen. Jetzt sitze ich nur noch an meinem Schreibtisch. Ich würde wieder 'rausgehen und mit den Kumpels an der Verladerampe sprechen. Egal, was sie machen. Jetzt verstecke ich mich nur, wissen Sie.

Ther.: Hm hm.

Lee: (*überrascht*) Oh, ich weiß. Ich würde nicht von der Arbeit nach Hause kommen und alle meine Probleme mit Trinken lösen. Vielleicht würde ich in der Kneipe vorbeischauen und mich bei Ted [dem Wirt] über die Kumpels beklagen. „Du hättest die Jungs heute 'mal sehen sollen", wissen Sie. Mein ganzes Reden wäre nicht negativ.

Ther.: Was gibt es noch, was nach dem Wunder anders wäre?

Lee: (*lange Pause*) Vielleicht wäre Arbeit nicht mein ganzes Leben. Vielleicht, wie ich schon sagte, würde ich anfangen, mein eigenes Leben wieder zu leben. Wissen Sie, ich habe diesen tollen Job und ich habe seitdem nichts für mich getan.

***

Lees Antwort ging noch ein Stück weiter. Als er weitersprach, fing er an zu lächeln und seine Stimmung besserte sich.

Haben Sie Geduld mit sich

Nicht alle KlientInnen können die Wunder-Frage so schnell beantworten wie Lee. Manchmal müssen sie erst einige Stunden (oder sogar Tage) über das Wunder nachdenken, ehe eine Antwort Gestalt annimmt. Wenn Sie auf eine bestimmte Weise über Ihr Problem nachgedacht haben, kann es einige Zeit dauern, bis Sie zu einer neuen Perspektive wechseln. Nach einiger Zeit werden Sie allerdings anfangen, eine andere Wirklichkeit ins Auge zu fassen, eine Wirklichkeit, die die Lösung enthält und nicht das Problem. So wie bei Lee kann Ihnen mehr als eine Wirklichkeit vorschweben. Das ist gut so. Legen Sie sich in diesem frühen Stadium des Prozesses keine Begrenzungen auf. Jetzt ist die Zeit, alle möglichen Wege des Erfolges zu betrachten. Je mehr mögliche Wege, desto mehr Chancen, sich Ihrer Tür zur Lösung anzunähern. Lassen Sie Ihren Geist herumwandern. Machen Sie es so wie eine unserer KlientInnen, die die Erfahrung, die Wunder-Frage zu beantworten, so beschrieb: „Ich ging einen langen Flur entlang mit vielen Türen und ich öffnete jede Tür, die da war." Im Augenblick müssen Sie sich noch nicht entscheiden, welche Tür Sie wählen. Sie müssen einfach wissen, welches die Möglichkeiten sind.

So wie es Lee ging, kann es auch Ihnen gehen: Wenn Sie imstande sind, die Lösung(en) zu sehen, führt das zu einem Gefühl von neuer Hoffnung und macht Mut, das Problem, das Sie haben, zu lösen. Und Gefühle von Hoffnung und Mut sind oft der erste Schritt, um die Handlungen zu machen, die notwendig sind, Ihr Leben zu ändern. Übrigens *sollten Sie nicht überrascht sein, wenn Ihre Antwort auf die Frage nichts mit dem Problem, mit dem sie kämpfen, zu tun hat.* Denn schließlich geht die Frage davon aus, daß das Problem gelöst ist!

Die sechs Schlüssel

Wenn Sie an Ihrer Tür zur Lösung angelangt sind, brauchen Sie den richtigen Schlüssel oder die richtigen Schlüssel, um sie aufzuschließen. Im Laufe der Jahre haben wir einige Schlüssel gefunden, die bei vielen Türen zu passen scheinen. Wenn Sie von diesen Schlüsseln lesen, werden Sie sich herausgefordert fühlen, Ihre Antwort auf die Wunder-Frage so zu präzisieren, daß sich die Wahrscheinlichkeit, daß die von Ihnen gewünschte Lösung eintritt, vergrößert. Schauen Sie sich jeden einzelnen Schlüssel genau an, denn Sie können nie im voraus wissen, welcher Ihre Tür zur Lösung aufschließen kann.

Schlüssel 1:
Stellen Sie sicher, daß Ihr Wunder für Sie wichtig ist

Leute arbeiten eher hart daran, eine Lösung zu erreichen, wenn diese für sie wichtig ist. Wir haben tatsächlich gefunden, daß eine umgekehrte Beziehung besteht zwischen der Höhe der Motivation und dem Grad, bis zu dem Leute daran arbeiten, etwas zu erreichen, das ihnen im Grunde ziemlich egal ist. Die Studie, über die wir auf Seite 47f schrieben, zeigt das ebenfalls.

Seit Jahren ist es nun aber Praxis traditioneller Ansätze, ProblemtrinkerInnen Lösungen einzureden, an denen diese wenig interessiert sind und für die sie wenig Einsatz zeigen. Konfrontation, Familien-Intervention und stationäre Programme wurden benutzt, um KlientInnen „zu zwingen", „das Licht zu sehen" und solche Lösungen zu akzeptieren. Die hohe Rückfallrate solcher Programme kann daher kaum überraschen, da die TeilnehmerInnen nicht an ihren eigenen Lösungen arbeiten.

Unsere Erfahrungen und neuere Studien bestätigen die schon seit langem von uns vertretene Überzeugung, daß Menschen wissen, was sie wollen und dann am erfolgreichsten sind, wenn man sie ermutigt, ihre eigenen Lösungen zu entwickeln. Fachleute im Bereich der Alkoholbehandlung – und dazu gehören auch wir – haben angenommen, daß sie wüßten, was für Leute mit Alkoholproblemen am besten sei. Natürlich hat die Forschung etwas anderes nachgewiesen. Und wenn man die Erfolgsquote der Alkoholbehandlung betrachtet, dann ist diese bescheiden, wenn nicht beschämend.

Betrachten wir zum Beispiel eine Untersuchung aus England (ORFORD & EDWARDS, 1977). Die Forscher teilten eine Gruppe schwerer ProblemtrinkerInnen in zwei Gruppen. Die in der ersten Gruppe erhielten nur eine Therapiesitzung bei einer PsychiaterIn, die ihnen sagte, daß sie an Alkoholismus litten und ihnen empfahl, sich von allen Getränken fernzuhalten. Der zweiten Gruppe wurde ein einjähriges Intensivprogramm angeboten, das Einzelberatung, Teilnahme an AA-Sitzungen und Medikation zur Linderung der Entzugssymptome wie zur Unverträglichkeit bei Alkohol umfaßte. Diese ProblemtrinkerInnen konnten auch eine stationäre Behandlung durchführen, wenn sie es wollten. Nach einem Jahr wurden beide Gruppen nachuntersucht. Im Gegensatz zu dem, was man erwarten würde, waren die in der zweiten Gruppe nicht besser dran als die in der ersten – als die, die nur eine einzige Sitzung erhalten hatten.

Ihnen einfach zu sagen, was zu tun ist, um Ihr Problem zu lösen, dürfte deshalb nicht ausreichen. Der nützlichste Ansatz ist der, Ihnen dabei zu helfen, herauszufinden, was Ihnen wichtig ist und wie Sie dies erhalten können. Aus diesem Grunde sollten Sie sicherstellen, daß Ihre Antwort auf die Wunder-Frage etwas ist, das *Ihnen* ganz persönlich etwas nützt, etwas, von dem *Sie* wollen, daß es anders ist, etwas, das in *Ihrem* Leben einen Unterschied macht, wenn es eintritt. Lassen Sie sich nicht von anderen erzählen, was Sie sich wünschen und woran Sie arbeiten sollten. Arbeiten Sie an dem, woran Sie arbeiten wollen. Hier sind noch einige weitere Fragen, die Sie sich selber stellen können, um sicherzugehen, daß Ihre Antwort auf die Wunder-Frage für Sie wichtig ist:

- Wenn das Wunder eintritt, würde es einen Unterschied für Sie machen?

- Was werden Sie an sich bemerken, was anders ist, wenn das Wunder eintritt?

- Was werden andere (EhepartnerIn, FreundInnen, Kinder, KollegInnen) an Ihnen bemerken, was anders ist, wenn das Wunder eintritt?

- Welchen Unterschied wird es in Ihrem Leben machen, wenn das Wunder eintritt?

- Was werden Sie machen können, wenn das Wunder eingetreten ist, was Sie vorher nicht machen konnten?

Einige Lösungen, die für ProblemtrinkerInnen wichtig waren, mit denen wir gearbeitet haben, haben dazu geführt, daß ihnen irgendwer (z.B. Eltern, ArbeitgeberIn oder EhepartnerIn) „nicht mehr auf der Pelle saß", daß sie Bewährungs- und Gerichtsauflagen erfüllten, ihre Beziehung oder ihre Ehe verbesserten, neue Freundschaften entwickelten, ein neues Hobby aufnahmen undsoweiter.

Erinnern Sie sich noch an den Fall von Lee? Seine Antworten auf die Wunder-Frage bezogen sich eindeutig auf etwas, das ihm wichtig war. Er sprach davon, ein besseres Gefühl zu haben, glücklicher und positiver zu sein, mit seinen Untergebenen zu sprechen, egal, wie sie sich ihm gegenüber verhielten oder über ihn dachten, sein Problem nicht mit Alkohol zu lösen und wieder etwas neben und außerhalb der Arbeit zu tun. Wir wußten aufgrund des Einflusses, die sie auf sein Befinden und sein Verhalten während der Sitzung hatte, daß diese Antwort wichtig für Lee war. Erinnern Sie sich daran, daß er lächelte und sich ermutigt fühlte, als er über sein erwünschtes Ergebnis sprach.

Schlüssel 2: Halten Sie es klein

Im Gegensatz zu traditionellen Annahmen denken wir, daß die Mehrzahl derjenigen, die unter Alkoholproblemen leiden, erfolgreich sein wollen. Anstatt „zu verleugnen" oder „widerspenstig" zu sein, sind diese Leute nur allzu bereit, an sich selber außergewöhnlich hohe Maßstäbe anzulegen. Wenn es ihnen dann nicht gelingt, diesen Maßstäben zu genügen, haben sie das Gefühl, versagt zu haben und sie fühlen sich in Hinblick auf ihren Erfolg entmutigt.

Diejenigen, die ihnen nahestehen, werden verständlicherweise auch entmutigt. ProblemtrinkerInnen machen diesen, ihnen wichtigen Personen in ihrem Bemühen, ihnen etwas Nettes zu tun, oft große Versprechungen. Das passiert auch in der Beziehung zu Fachleuten. Wenn die traditionelle BeraterIn Entschlossenheit und Fertigkeit durcheinanderbringt, gestattet sie ungewollt der ProblemtrinkerIn extrem hohe Maßstäbe an den Erfolg anzulegen. Eine Kostprobe solcher Erwartungen umfaßt beispielsweise: das Versprechen, nie wieder Alkohol zu trinken; neunzig Treffen in neunzig Tagen zu besuchen; sich völlig vom Alkohol fernzuhalten etc. Wenn es KlientInnen nicht gelingt, solchen unglaublich hohen Maßstäben zu genügen, beschuldigen BeraterInnen sie möglicherweise, indem sie sagen, ihnen fehle die Entschlossenheit, sie wollten sich gar nicht ändern, sie hätten sich nicht der Heilung hingegeben oder sie würden sich selber etwas vormachen. Sie könnten sogar sagen, daß Versagen ein unvermeidlicher Teil dieses Prozesses sei!

Aber wie vielleicht schon deutlich geworden ist, besteht das Problem gewöhnlich nicht in mangelnder Entschlossenheit, sondern in einem Versagen, vernünftige Erfolgserwartungen zu entwickeln. Wenn Ihre Ziele zu groß sind, werden Sie mehr und öfters versagen, als erfolgreich sein. Die Schwierigkeit besteht darin, daß es nicht leicht ist, die Entschlossenheit beizubehalten, die Sie brauchen, um Ihr Problem zu lösen, wenn alles, was Sie versuchen, in einem Fehlschlag endet. In dieser Hinsicht raten wir unseren KlientInnen mit Trinkproblemen, in kleinen „Ausdrükken" zu denken. Merkwürdig genug, daß das genau das ist, was der AA-Slogan „Halte es klein, Blödmann!" propagiert.

Als wir unseren KlientInnen zum ersten Mal die Wunder-Frage stellten, war es nicht ungewöhnlich, Antworten zu erhalten wie: „Ich werde nie wieder trinken", „Mein ganzes Leben wird wieder gerade sein" oder „Ich werde zu neunzig Treffen in neunzig Tagen gehen." Diese Erwartungen sind zu hoch und garantieren schon fast ein Scheitern. Wir wollten Sie nicht fragen, was Sie glauben, wie Ihr Leben sein würde, wenn Sie perfekt wären. Die Wunder-Frage fragt Sie vielmehr danach, die *ersten Anzeichen* einer Veränderung, die Sie bemerken, genauer zu betrachten. Anstelle von „nie wieder trinken" könnte eine vernünftigere Erwartung die sein, gesund zu essen, fünf Drinks auf zwei zu verringern, spazierenzugehen, mit FreundInnen zu telefonieren, aus dem Haus zu gehen, mit der EhepartnerIn Händchen zu halten, einen anderen Weg von der Arbeit nach Hause zu fahren (der nicht an der Kneipe vorbeiführt) und morgens rechtzeitig aufzustehen.

***

Änderungs-Alarm schlagen:

Millies Geschichte

Vor kurzem kam eine Frau in den 50ern, wir wollen sie Millie nennen, wegen eines schweren Alkoholproblems zur Behandlung. Sie erzählte uns, daß sie seit fast fünfundzwanzig Jahren sehr viel trank und eine ganze Reihe traditioneller ambulanter und stationärer Programme durchlaufen hat. Millie hatte all die Slogans und Schlagworte der AA im Laufe ihrer Behandlungen gelernt, und sie benutzte diese, um sich selber und ihr Trinkproblem zu beschreiben. Obwohl Millie die Programme durchlaufen und die ganzen Fachausdrücke gelernt hatte, hatte sie immer noch ein großes Trinkproblem. Momentan verschlechterte sich ihr Gesundheitszustand und ihr Mann drohte, die 30-jährige Ehe zu verlassen.

Nachdem wir Millie die Wunder-Frage gestellt hatten, baten wir sie anzugeben, was das erste kleine Anzeichen von Erfolg sein würde. Sie sagte uns, es wäre das, daß sie um acht Uhr morgens aus dem Bett käme, anstatt bis zum Mittag zu schlafen. Als wir sie fragten, ob sie dies früher schon einmal gemacht hatte, überlegte sie und begann zu lächeln, während sie berichtete, daß sie tatsächlich vor gar nicht langer Zeit noch früher am Morgen aufgestanden war. Und überraschend erinnerte Millie sich dann daran, daß sie an diesem Tag nicht getrunken hatte.

***

Hier sind einige Fragen, die Sie sich selber stellen können, um sich bei diesem Prozeß selber zu helfen:

● Was wäre das erste Anzeichen dafür, daß das Wunder eingetreten ist?

- Was wäre die kleinste Sache, die anders sein könnte und die Sie noch bemerken würden?

- Was wäre die kleinste Änderung, mit der Sie zufrieden wären?

- Auf einer Skala von 1 bis 10, wobei 1 bedeutet, wo Sie gerade jetzt sind und 10 ist der Tag nach dem Wunder – was wird anders sein, wenn Sie sich auf der Skala nach 1,15 bewegen? Nach 1,5? Nach 2?

So wie es bei Millie war, können Sie überprüfen, ob Ihre Erwartungen klein genug sind oder nicht, indem Sie sich fragen, ob irgendeine der kleinen Änderungen, die Sie beschreiben, schon jemals aufgetreten ist. Lautet Ihre Antwort „Nein", dann ist es wahrscheinlich, daß Sie Ihre Erwartungen zu hoch ansetzen.

Schlüssel 3:
Machen Sie es spezifisch, konkret und verhaltensbezogen

In der Populärliteratur hört man oft von angenommenen Krankheiten der ProblemtrinkerInnen und ihrer Angehörigen. Von ProblemtrinkerInnen wird zum Beispiel gesagt, daß sie an der unheilbaren Krankheit Abhängigkeit leiden, von Angehörigen heißt es, sie seien Ko-AlkoholikerInnen oder Ko-Abhängige und die Kinder von ProblemtrinkerInnen werden inzwischen mit einem eigenen/eigenständigen Syndrom belegt. Von allen heißt es, sie leiden an einem Mangel an „Selbstachtung" und sie bedürfen dringend einer Behandlung, die ihnen hilft, ihre jeweiligen Krankheiten in den Griff zu bekommen, angemessene Beziehungsgrenzen zu setzen und mit den Spätfolgen des Alkohols auf ihr Leben umzugehen. Die ExpertInnen weisen die KonsumentInnen aber eindringlich darauf hin, daß Behandlung nach dem Guru der populären Heilungsbewegung, Vernon E. JOHNSON (1986), kein einmaliges Ereignis sei, sondern ein „Prozeß und eine lebenslange Aufgabe."

Wenn man bedenkt, wie vage diese „Krankheiten" sind, ist es nicht schwer, sich vorzustellen, weshalb ExpertInnen sagen, es brauche ein Leben, um mit ihnen erfolgreich umzugehen. Die Schwierigkeit, vage Krankheiten als Leitlinie zu verwenden, wenn es darum geht, mit Alkoholproblemen umzugehen, ist nämlich genau die, daß sie es fast unmöglich machen, herauszufinden, ob Fortschritte gemacht werden oder nicht. Wie kann man beispielsweise wissen, wann man die Krankheit im Griff hat? Nicht länger ko-abhängig ist? Alles das überwunden hat, was sich daraus ergibt, daß man ein „erwachsenes Kind" [einer AlkoholikerIn] ist? Es läßt sich gut vorstellen, daß man an diesen Fragen ein Leben lang arbeiten kann. Nicht, weil man ein Leben lang braucht, um sie zu lösen, sondern weil sie so vage sind, daß es nicht möglich ist anzugeben, wann man durch und zu Ende ist! Und was noch hinzukommt – wer könnte denn überhaupt zuviel von diesen Sachen haben, z.B. Selbstachtung? Gibt es irgendwo einen Punkt, wo jemand zuviel Selbstachtung haben kann?

Ein weiteres und vielleicht größeres Problem, wenn man vage Probleme als Leitlinien der Behandlung verwendet, ist einfach das, daß sie Menschen, die Erfolge hinsichtlich ihres Alkoholproblems erleben, tatsächlich daran hindern können, sich anderen wichtigen Aspekten zuzuwenden, die ihre Aufmerksamkeit erfordern – z.B. Ehe- oder Familienprobleme. Das ist nur logisch. Wenn Sie nicht sicher sein können, ob Sie bei etwas, an dem Sie hart arbeiten, Fortschritte machen, dann ist es wahrscheinlich, daß Sie auf der Stelle treten und dieselben Strategien immer und immer wiederholen. Oder wenn Sie wie einige ProblemtrinkerInnen sind, werden Sie es aufgeben und damit aufhören und etwas anderes versuchen.

Im Laufe der Jahre haben wir etliche frühere ProblemtrinkerInnen getroffen, die sich verwundert darüber zeigten, daß sie keine Trinkprobleme mehr hatten, obwohl sie keine jahrelangen Behandlungsprogramme durchlaufen haben. Viele haben uns sogar gesagt, daß sie zu einem normalen Trinken zurückgekehrt sind. Machen wir etwas falsch? fragen sie uns. Die Verwirrung ist verständlich, wenn man bedenkt, was die populäre Heilungsbewegung lehrt und die unaufhörlichen Voraussagen furchtbarer Konsequenzen hört, wenn ProblemtrinkerInnen nicht immer wachsam und einer lebenslangen Heilung verpflichtet bleiben. Im Gegensatz zu traditioneller Behandlung verbringen wir in lösungsorientierter Therapie die meiste Zeit damit, den Leuten dabei zu helfen zu verstehen, was sie getan haben, um erfolgreich zu sein und wenden dies dann auf ihr Leben an. Dies sind – oder sollten – die Ziele jeder Behandlung sein: *lösen Sie Ihr Problem so schnell wie möglich und kehren Sie so rasch es geht dahin zurück, Ihr Leben selber zu leben.* „Therapie", so formulierte es der bekannte Therapeut Jay HALEY (1986) einmal, „ist nicht die Lösung. Sie ist das Problem! Die Lösung besteht darin, die KlientIn aus der Therapie herauszukriegen." Die Grundidee ist die, daß Sie, um Ihr Trinkproblem zu lösen, nicht Ihr ganzes Leben in Behandlung oder Nachsorge-Programmen verbringen sollten. Ob Sie es glauben oder nicht, dies ist für viele TherapeutInnen eine neue Idee und eine neue Erfahrung. Ein Therapeut, der von seinem Erfolg in der Behandlung mit dieser Methode überrascht war, sagte tatsächlich: „Nachdem ich lösungsorientiert geworden bin, ist es mir wirklich gelungen, bei einigen meiner KlientInnen die Behandlung zu beenden!" (HAWKINS, 1991)

Wenn Sie sich also weiter daran machen zu beschreiben, wie die Dinge nach dem Wunder anders sein werden, dann stellen Sie sicher, daß Ihre Beschreibungen konkret, spezifisch und verhaltensbezogen sind. Sie müssen wissen, wann sie zu Ende sind, wann Sie erfolgreich waren. Um zu prüfen, ob Ihre Aussagen und Beschreibungen spezifisch genug sind, können Sie folgende Fragen stellen:

1. Wenn das Wunder geschieht, werde ich imstande sein, es zu sehen und zu betrachten?

2. Wenn das Wunder geschieht, werde ich imstande sein, darauf zu zeigen?

3. Könnte ich ein Foto machen, wenn sich das Wunder entfaltet?

Wenn Sie uneingeschränkt mit „ja" antworten, sind Sie vermutlich auf der richtigen Spur. Solche Beschreibungen erlauben es Ihnen zu wissen, wann Sie Fortschritte machen und – haben Sie erst Fortschritte gemacht – auch zu wissen, was noch zu erledigen bleibt. Antworten Sie auf eine der Fragen mit „nein", gehen Sie ein Stück zurück und versuchen, Ihre Beschreibungen spezifischer zu machen. Dazu ein Tip: Verwenden Sie keinen Psycho-Jargon – wir nennen es Therapie-Sprache –, der für die meisten Selbsthilfebücher und die Populärliteratur typisch ist. Dazu gehört beispielsweise solches Psycho-Kauderwelsch wie „angemessene Grenzen entwickeln", „lernen zu kommunizieren", „Selbstachtung verbessern", „mit Aspekten der eigenen erwachsenen Kinder [von AlkoholikerInnen] umgehen", „die Ko-Abhängigkeit überwinden". Wenn eine dieser Beschreibungen Ihre Tür zur Lösung ist, dann ist schon fast garantiert, daß die Tür fest verschlossen bleibt.

Um Ihnen zu helfen, Ihr Wunder weiter in spezifischen, konkreten und verhaltensbezogenen Ausdrücken zu beschreiben, bitten wir Sie, sich die Zeit zu nehmen, die folgenden Fragen zu beantworten:

● Was werden Sie bemerken, was Sie selber am Tag nach dem Wunder anders machen, das Ihnen sagt, daß Sie auf dem (richtigen) Wege sind?

● Was werden andere sehen, was Sie tun, das ihnen sagt, daß ein Wunder geschehen ist? Was werden sie genau sehen, das ihnen das sagt?

- Angenommen, wir würden Sie am Tag nach dem Wunder im Fernsehen sehen. Was würden wir sehen, das uns sagen würde, daß das Wunder eingetreten ist?

Wenn es Ihnen noch schwerfällt, spezifischer zu werden, dann könnten Ihnen die folgenden Fragen helfen:

- Wie werden Sie es wissen, wenn Sie (sich unterhalten, größere Selbstachtung haben, mit Ihrer Ko-Abhängigkeit umgehen etc.)?

- Was werden Sie merken, das anders ist, wenn Sie (erfolgreich mit Ihrer Ko-Abhängigkeit, Ihrem Trinkproblem etc. umgehen)?

- Wenn Sie sagen (hier setzen Sie bitte eine vage Aussage ein), was genau meinen Sie und was genau werden Sie tun, das anders ist, wenn Sie dieses Problem nicht mehr haben? Was werden andere merken, was anders ist, wenn Sie dieses Problem nicht mehr haben?

Zurück zur Verladerampe

Wir wollen für einen Augenblick zu Lee zurück, dem Vormann der Verladerampe, über den Sie schon etwas gelesen haben, und diesen wichtigen Schlüssel mit Hilfe eines Ausschnitts aus der Sitzung veranschaulichen. Wie Sie sich erinnern, antwortete Lee auf die Wunder-Frage mit einigen spezifischen, konkreten und verhaltensbezogenen Beschreibungen. Er erwähnte beispielsweise, daß er „auf der Arbeit lächeln" und wieder „mit den Kumpels an der Verladerampe" reden würde. Sie werden sich aber auch noch daran erinnern, daß Lee sagte, er würde sich „glücklich und positiv" fühlen und mehr für sich selber tun. Auch wenn diese Antworten spezifisch scheinen – jeder weiß doch schließlich was „glücklich" ist, oder? –, so sind sie viel zu vage, um hilfreich bei der Bestimmung zu sein, ob Fortschritte gemacht werden. Deshalb half der Therapeut Lee, seine Antworten in spezifischere, konkretere und verhaltensbezogenere Erfolgsanzeichen zu verändern.

Lee: *(lange Pause)* Vielleicht wäre Arbeit nicht mein *ganzes* Leben. Vielleicht, ich sagte das schon, würde ich mein Leben wieder selber leben. Klar, ich habe diesen tollen Job und ich habe seitdem nichts mehr für mich getan.

Ther.: Also, nach diesem Wunder, da würden Sie mehr Sachen für sich selber machen?

Lee:	Ja. Genau das würde ich.
Ther.:	Was genau? Was würden Sie für sich selber machen?
Lee:	Naja, ich habe immer so die Idee gehabt, aus meinem kleinen Hobby, dem Fotografieren, so ein kleines Geschäft zu machen. Ich fotografiere bei Sportveranstaltungen, Autorennen und Schilaufen und so.
Ther.:	Hm hm. Was würde Ihnen noch sagen, daß Sie mehr Sachen für sich selber tun?
Lee:	Tja, ich kenne meine Chefs, ihnen würde das nicht gefallen, aber ich würde vielleicht 'mal pünktlich Feierabend machen.
Ther.:	Pünktlich Feierabend machen?
Lee:	Ja. Ich habe mir so angewöhnt, nach Feierabend noch dazubleiben und die Fehler meiner Kumpels auszugleichen.
Ther.:	Und nach dem Wunder, da würden Sie ...
Lee:	Ich würde – ich würde ihnen die Verantwortung selber überlassen. Ich würde ihren Mist nicht wegmachen.
Ther.:	Wie würde das für Sie einen Unterschied machen?
Lee:	Naja, sie wären dafür verantwortlich, und ich könnte einigermaßen rechtzeitig zuhause sein, anstatt bis in den späten Abend zu bleiben. Dann komme ich aus dem ganzen 'raus.
Ther.:	Was würden Sie dann anderes machen?
Lee:	Naja, wenn ich ihnen die Verantwortung lasse, wäre ich vielleicht nicht so aufgedreht, wenn ich dann schließlich nach Hause gehe. Vielleicht brauche ich dann auch nicht mehr bei der Kneipe zu stoppen, mich bei Ted zu beklagen und auszuweinen und meinen Frust wegzusaufen.

***

Der Therapeut blieb noch eine Weile dabei und unterstützte Lee, sein gewünschtes Ergebnis in noch spezifischeren, konkreteren und verhaltensbezogeneren Ausdrücken zu beschreiben. Wie Sie aus diesem kleinen Auszug entnehmen können, war Lee schon dabei, sein Wunder auf eine Art und Weise zu beschreiben, die auf etwas verwies, das er sofort anders machen konnte, um sein Problem zu lösen. Solche genauen

Aussagen machen es ihm auch möglich, klar zu beurteilen, ob er Fortschritte macht oder nicht. Der Therapeut machte einige Minuten damit weiter und half Lee, noch spezifischer zu werden.

Spezifisch, konkret und verhaltensbezogen auf die Wunder-Frage zu antworten ist einer der wichtigsten Schlüssel, die sie besitzen, um die Tür zur Lösung zu öffnen. Nehmen Sie sich die Zeit, sich Ihre Antworten noch einmal genau anzuschauen, ehe Sie zum nächsten Schlüssel gehen.

Schlüssel 4: Stellen Sie sicher, daß Sie sagen, was Sie tun *werden*, anstatt was Sie *nicht* tun werden

Machen Sie ein Experiment. Wenn Sie diesen Satz lesen, denken Sie *nicht* an Micky Maus! Können Sie das? Na los, denken Sie nicht an Mikky Maus. Denken Sie nicht an diese clevere kleine Maus mit diesen großen schwarzen Ohren und dieser hohen Stimme. Was immer Sie jetzt auch machen, denken Sie jetzt nicht an den Namen von Mickys Freundin. Ignorieren Sie den einfach auch. Bitte lassen Sie den Namen dieses kleinen Miniatur-Wesens nicht in Ihren Kopf kriechen. Können Sie das? Natürlich nicht. Aber genau so operieren die meisten traditionellen Alkoholprogramme – d.h. sie sprechen über das, worüber Sie *nicht* sprechen sollen!

In unserer Arbeit mit obdachlosen Männern, die Alkoholprobleme haben, konnten wir lernen, daß eine der Zeiten, an denen sie am stärksten zu Rückschlägen neigten, direkt nach einem Treffen, wo es um Besserung und Heilung ging, liegt. Im Gegensatz zu dem, was man sich erhofft – daß Menschen mit Alkoholproblemen Unterstützung und Anleitung bekommen, die sie brauchen, um ihr Problem zu bewältigen –, löst die Teilnahme an solchen Treffen oft genau das aus, was es verhindern und beenden sollte. Wieso? Die Antwort ist einfach. Diese Treffen richten sich darauf, das Unmögliche zu erreichen: etwas *nicht* zu tun! In diesem Falle ist das Etwas, das jeder, der oder die zu solchen Treffen geht, zu tun versucht, nicht zu trinken. Unser kleines Experiment hat aber gezeigt, daß es nicht möglich ist, etwas nicht zu tun. Als Menschen sind wir immer im Zustand, etwas zu tun – selbst wenn wir sagen, dieses Etwas, das wir tun, sei „nichts". Ständiges Denken an das, was wir nicht denken oder tun sollen, hat den Effekt, das verbotene Tun oder Denken in unseren Gedanken zu lassen. Wenn wir einen Gedanken immer und immer wiederholen, so erhöht das die Wahrscheinlichkeit, daß wir nach diesem Gedanken handeln. Daher das Problemtrinken, das wir bei den Obdachlosen nach solchen Treffen sehen.

Was ist die Lösung? mögen Sie sich fragen. Wenn Sie Ihr Wunder beschreiben, konzentrieren Sie sich auf das, was Sie tun wollen und nicht auf das, was Sie nicht tun wollen. Sagen Sie sich nicht, Sie wollen etwas nicht denken oder nicht tun – z.B. Alkohol trinken. Sagen Sie sich stattdessen, an etwas anderes zu denken. Wenn wir unsere KlientInnen fragen, was Sie in Ihren Wundern wollen, antworten Sie oft mit etwas, was sie nicht oder nicht länger wollen. Jemand mit einem Trinkproblem könnte beispielsweise sagen, er oder sie will kein Alkoholproblem mehr haben. Entsprechend könnte die PartnerIn einer ProblemtrinkerIn sagen, er oder sie will nicht, daß die PartnerIn trinkt oder das Geld für Alkohol ausgibt oder betrunken Auto fährt. Wie Sie allerdings sehen, sagen uns diese Aussagen nicht, was die Person *tun* will.

Wenn Sie das, was Sie in Ihrem Leben nicht haben wollen, zum Mittelpunkt Ihrer Bemühungen machen, machen Sie es sich schwerer, auf lange Sicht Erfolg zu haben. Wieso? Naja, wenn Sie versuchen, etwas nicht zu tun, wird es schwierig, wenn nicht unmöglich, zu sagen, wann Sie erfolgreich sind. An welchem Punkt sehen Sie sich als erfolgreich? Denn schließlich könnte das Problemverhalten wieder auftreten. Das ist genau der Punkt, weshalb traditionell ausgerichtete Fachleute sagen, Heilung sei ein lebenslanger Prozeß. Wenn Ihr Ziel darin besteht, etwas nicht zu tun, können Sie nie zum Ende kommen, weil das Problem zu jeder Zeit wieder auftreten könnte. Deshalb verstehen traditionell orientierte Fachleute die Warnung, „ein Ausrutscher kann jederzeit passieren" als Standard ihrer Behandlung. Und was bedeutet es, wenn das Problemverhalten wieder auftritt, wo Ihr Ziel darin besteht, dies (etwas) nicht zu tun? Wenn Sie so denken, wie traditionell ausgerichtete Leute, dann müssen Sie wieder ganz von vorne beginnen.

Diese Art perfektionistischen Denkens ist nicht nur unsinnig, sondern nachgerade gefährlich für diejenigen, die damit kämpfen, mit ihrem Alkoholproblem fertig zu werden. Selbst wenn ein Fehlschlag, den die KlientIn erlebt, während er oder sie versucht, diesen unmöglich hohen Anforderungen zu genügen, als unvermeidlicher Teil des Heilungsprozesses beschrieben wird, so entbindet dies traditionell ausgerichtete Fachleute in keiner Weise von ihrer Verantwortung, etwas zu tun, diese Fehlschläge zu verhindern.

Indem Sie deutlich machen, was Sie nach Ihrem Wunder tun werden, anstatt was Sie nicht tun werden, sind Sie imstande, sowohl Ihren Erfolg einzuschätzen, als auch zu bestimmen, was noch zu tun bleibt. Wenn Sie also merken, daß Sie Worte wie *nein, niemals, nicht tun, nicht wollen, nicht können, nicht würden* oder *nicht dürfen* verwenden, dann ersetzen Sie diese durch die Worte *ja, wann* oder *dann, tun, können, würde, darf.* Seien Sie auf der Hut und passen Sie gut auf, daß die negativen Worte – wir nennen Sie N-Worte – nicht hinterrücks in Ihre Beschreibungen einfließen. Wenn Sie beispielsweise sagen, Sie *sollten* sich vom Alkohol fernhalten, dann ist das noch negativ formuliert. Um das zu umgehen, können Sie sich fragen: „Was werde ich statt des Trinkens tun?"

Zurück zur Verladerampe

Um diesen Schlüssel zu veranschaulichen, wollen wir zu Lee zurückkehren. Sie werden sich erinnern, daß viele Antworten Lees auf die „Wunder"-Frage in negativen Begriffen formuliert waren. Unter anderem sagte er, er würde *nicht* die ganze Zeit negativ sprechen, er würde *nicht* „die Augenbrauen zusammenkneifen und die Stirn in Falten legen", er würde *nicht* den ArbeiterInnen aus dem Wege gehen, er würde *nicht* in der Kneipe vorbeischauen und sich beim Wirt, Ted, beklagen. Würden Lees Äußerungen in solcher negativer Form stehenbleiben, würde dies, wie wir ausgeführt haben, seine Chancen zu versagen, erhöhen. Der Therapeut verbrachte viel Zeit damit, Lee zu helfen, seine sich entwickelnden Beschreibungen in stärker positive, handlungsbezogene Begriffe zu verwandeln. Es folgt ein Beispiel dieses Dialogs, das dort beginnt, wo der letzte Gesprächsausschnitt endete:

Lee: Naja, wenn ich die Verantwortung bei ihnen lasse, vielleicht wäre ich dann nicht so aufgedreht, wenn ich Feierabend hab', vielleicht brauche ich dann nicht in der Kneipe vorbeischauen, mich bei Ted ausjammern und meinen Frust wegtrinken.

Ther.: Sie würden nicht in der Kneipe vorbeischauen?

Lee: Genau.

Ther.: Was würden Sie stattdessen tun?

Lee: Also, ich hab' ja schon gesagt ... ich hab' dieses Hobby, dieses Fotografieren, das mich schon seit Jahren beschäftigt und ... vielleicht würde ich damit 'was machen. Sie wissen schon, anfangen und so...

Ther.: Hm. Was würden Sie noch machen, anstatt in die Kneipe zu gehen?

Lee: (*lacht*) Mich vielleicht verabreden oder so!

Ther.: (*lächelt*) Bestimmt! Erzählen Sie mir mehr davon.

An diesem Punkt ging das Gespräch über das Wunder zum letzten Schlüssel über, indem Lee und der Therapeut einige Zeit damit zubrachten, in spezifischen und konkreten Begriffen genau das zu identifizieren, was Lee bei einer solchen Verabredung tun würde. Das schloß ein, mit wem er sich verabreden würde, wie und wo er mit dem oder der anderen hingehen und was sie zusammen tun würden. Nachdem sie diesem Aspekt des Bildes weitere Einzelheiten hinzugefügt hatten, brachte der Therapeut das Gespräch auf einige der negativ formulierten Antworten zurück, die Lee vorher auf die Wunder-Frage gegeben hatte.

Ther.: Lee, vorhin sagten Sie einige Sachen, die ich gerne mit Ihnen ein wenig weiter verfolgen würde.

Lee: Okay, schießen Sie los.

Ther.: Sie sagten, nach diesem Wunder würden Sie sich auf der Arbeit nicht verstecken.

Lee: Ja, das stimmt. *(lacht)* Jetzt ist es so, wie ich es sagte, es ist, als hätte ich eine magnetische Zielscheibe und einen stählernen Stuhl oder eine stählerne Zielscheibe und einen magnetischen Stuhl.

Ther.: *(lacht)* Aha. Und Sie sitzen ganz fest im Stuhl, vermute ich.

Lee: Ja.

Ther.: Was werden Sie tun, anstatt ganz fest im Stuhl zu sitzen?

Lee: Wenn dieses Wunder geschieht?

Ther.: Ja.

Lee: Naja, ich würde an der Verladerampe herumgehen, so wie ich es immer getan hatte. Sie wissen schon, mit den Kumpels reden, aufpassen, daß die Arbeit gemacht und auch richtig gemacht wird. *[Pause]* Ich würde die Schreibtischarbeit und die Anrufe auf den Nachmittag legen, wenn meine Leute Feierabend gemacht haben.

Ther.: Hm. Was noch?

Lee: Also, ich würde wieder mit den Chefs reden. Ich bin früher mehrmals am Tag durchs Büro gegangen. Naja, und später dann, naja, da habe ich versucht, ihnen aus dem Weg zu gehen.

***

Lees Wunder wurde umso erreichbarer, je mehr er in der Lage war zu beschreiben, was er tun *wird* und nicht, was er *nicht* tun wird. Es kann Ihnen helfen, Ihre Antworten denen von Lee nachzubilden. Da wir wissen, daß es schwer sein kann, das, was Sie wollen, in positiven Begriffen auszudrücken, können wir Ihnen versprechen, daß Ihr Bemühen belohnt wird. Deshalb sollten Sie sich genügend Zeit nehmen, Ihre Antwort auf die „Wunder"-Frage noch einmal zu betrachten. Jedesmal, wenn Sie ein N-Wort oder eine Aussage darüber finden, was Sie nach dem Wunder nicht tun wollen, achten Sie sorgsam darauf, Ihre Antwort in etwas Positives oder in eine Aussage umzuformulieren, was sie stattdessen tun werden. Um Ihnen dabei zu helfen, folgen nun einige Fragen, die wir unseren KlientInnen üblicherweise stellen, um ihnen dabei zu helfen, sich ihr Wunder in positiven, handlungsbezogenen Begriffen zu beschreiben:

● Wenn Sie nicht länger (setzen Sie hier das negative Wort ein), was werden Sie stattdessen tun?

● Was werden andere sehen, was Sie anderes tun, wenn (setzen Sie hier das negative Wort ein) nicht länger eintritt?

● Wenn (setzen Sie hier das negative Wort ein) nicht länger eintritt, was wird stattdessen eintreten?

● Was werden andere bemerken, was anders bei Ihnen ist, wenn (setzen Sie hier das negative Wort ein) nicht länger eintritt?

● Wie werden Sie wissen, wann (setzen Sie hier das negative Wort ein) aufgehört und das Wunder angefangen hat? Was werden Sie sehen, was anders ist?

● Was wird das erste kleine Anzeichen dafür sein, daß (setzen Sie hier das negative Wort ein) besser wird?

Wenn es Ihnen immer noch schwerfällt, auszudrücken, was Sie tun werden oder was geschehen wird – und nicht, was Sie nicht tun werden oder was nicht geschehen soll –, dann sehen Sie sich diese Fragen an:

● Wenn Sie nicht länger (setzen Sie hier das negative Wort ein), was werden Sie dann nicht mehr tun?

● Was werden Sie anstelle dieser Dinge tun?

Schlüssel 5: Sagen Sie, wie Sie Ihre Reise beginnen werden und nicht, wie Sie sie beenden werden

Sie kennen wahrscheinlich das alte Sprichwort: „Auch eine lange, lange Reise beginnt mit dem ersten Schritt." Das heißt, ganz egal, wie lang oder unüberwindlich etwas scheint, es kann erreicht werden, wenn Sie sich auf die ersten Schritte und nicht auf das mögliche Ergebnis konzentrieren.

Entsprechend sind Sie eher erfolgreich, Ihr gewünschtes Ziel zu erreichen, wenn Sie den ersten Schritten Ihrer Reise ganz besondere Aufmerksamkeit schenken. Wenn Sie sich auf die ersten Schritte des Weges zur Lösung konzentrieren – und nicht auf die Lösung –, hilft Ihnen dies, die Hoffnung und Motivation zu behalten, die Sie brauchen, um Ihren tagtäglichen Anstrengungen, Ihr Problem zu lösen, nachzukommen. Das ist nur logisch. Wenn Sie immer auf das Endergebnis schauen, werden Sie den Fortschritt, den Sie auf dem Wege erzielen, weniger leicht bemerken. Wenn Sie Ihren Fortschritt nicht erkennen, werden Sie auch nicht die kleinen Änderungen hegen und pflegen und in die Lösung, die Sie wünschen, einbringen.

KlientInnen beschreiben ihre Wunder anfangs oft in vollständiger Form. Anders gesagt, sie sprechen über die Endergebnisse, die sie zu erreichen hoffen. Sie können beispielsweise sagen, daß das Wunder darin besteht, daß sie glücklich und trocken sind, eine gute Ehe führen oder ihr angenehmeres Sexualleben genießen. Solche Beschreibungen verweisen darauf, daß diese Menschen imstande sind, sich vorzustellen, daß das Leben irgendwie anders sein kann, aber das bleibt nur eine Möglichkeit, wenn sie sich nicht die Zeit nehmen zu definieren, wie die ersten Schritte in Richtung auf diese Möglichkeit aussehen. Unsere KlientInnen haben die folgenden Fragen hilfreich gefunden, wenn es darum geht, ihr Wunder in Ausdrücken des Beginns von etwas und nicht in Ausdrücken des Aufhörens von/mit etwas zu beschreiben:

● Wie werden Sie wissen, daß das Wunder angefangen hat?

● Wenn Sie morgen früh die Augen aufmachen, was wird das erste Anzeichen dafür sein, daß das Wunder geschehen ist?

● Wer würde der oder die erste sein, die bemerkt, daß das Wunder geschehen ist, und was würde der oder die sagen, was er oder sie als erstes bemerken würde?

- Auf einer Skala von 1 bis 10, wobei 10 der Tag nach dem Wunder ist und 1 ist da, wo Sie heute sind, was wird das erste sein, das Sie bemerken, was Ihnen sagt, daß Sie sich auf der Skala nach oben bewegen?

***

Die ersten Schritte des Vorarbeiters

Wir kommen noch einmal auf den Fall zurück, den wir in diesem Kapitel vorgestellt haben. Der Therapeut half dem Vorarbeiter, seine ersten Schritte auszudrücken, indem er ihm eine Skalierungs-Frage stellte.

Ther.: Lee, auf einer Skala von eins bis zehn, wo zehn der Tag nach dem Wunder ist und eins ist da, wo Sie heute sind, was wäre ein erster kleiner Schritt, der Ihnen sagen würde, daß Sie sich auf der Skala nach oben bewegt haben? Sagen wir, zu einer zwei auf der Skala?

Lee: Eine zwei? *[Pause]*

Ther.: Ja, eine zwei. Keine drei oder vier. Genau eine zwei. Wie würde das aussehen?

Lee: Also etwas Kleines, oder?

Therapeut nickt bestätigend.

Lee: Tja, wenn ich Morgen ein Lächeln zeigen könnte, wissen Sie, vielleicht „Tag" oder „Hallo" zu den Kumpels sage, wenn ich 'reinkomme.

Ther.: Würden sie das bemerken?

Lee: Oh ja, das würden sie bemerken. Ja, sie würden sich wahrscheinlich wundern, wieso. Sie könnten denken, daß irgend etwas nicht in Ordnung ist. Vielleicht meinen sie, ich wüßte etwas, was ich nicht wissen sollte und daß sie Schwierigkeiten kriegen oder so 'was.

***

Lees Idee des Lächelns war ein kleiner erster Schritt; und was noch wichtiger ist, es war etwas, was er tatsächlich am nächsten Tag machen konnte. Ehe wir zum letzten Schlüssel kommen, schauen Sie sich noch einmal Ihre Antworten auf die „Wunder"-Frage an und sorgen Sie dafür, daß Sie angeben, wie die ersten Schritte auf Ihrem Weg zur Lösung aussehen werden.

Schlüssel 6: Seien Sie sich im klaren über das wer, wo und wann, aber nicht über das warum

Es gibt da eine alte Geschichte über einen jungen Wissenschaftler aus den USA, der die Lehren eines indischen Gurus infragestellte. „Sie glauben", so fragte der junge Wissenschaftler den Guru in sarkastischem Ton, „daß die Welt auf den Rücken zweier Elefanten ruht?" Der Guru nickte und fügte mit ruhiger Stimme hinzu: „Das glaube ich." Der junge Wissenschaftler verspürte die Gelegenheit, die Überlegenheit westlichen Denkens zu beweisen und fragte: „Auf was, so frage ich mich dann, stehen diese Elefanten?" Der Guru antwortete ganz sachlich, daß diese Elefanten auf den Rücken von zwei weiteren Elefanten stünden. Als der junge Mann weiter zu fragen begann, worauf diese Elefanten dann wiederum stünden, hob der Guru die Hand, um ihn zu unterbrechen, und sagte: „Es hat keinen Zweck, weiter zu fragen. Es sind alles Elefanten."

Genau diesen Punkt, auf den der Guru hinwies, beobachteten wir einmal in der Interaktion zwischen einer StudentIn und ihrem Berater, der für seine erfolgreiche klinische Arbeit bei Trinkproblemen bekannt war. Die StudentIn wollte vom Berater wissen, weshalb Leute weitertranken, wenn genau das ihnen und ihren Familien so viel Leid und Kopfschmerzen bereitet. Der weise Berater dachte einen Augenblick nach und erwiderte dann: „Weil sie weiterhin die Flasche an die Lippen führen und schlucken!"

Jeder, der ein Kind großgezogen hat, weiß, was der indische Guru und der weise Berater mit ihren Antworten meinten. Es gibt einfach keine endgültige Antwort auf die Frage des „warum?", da jeder Antwort, die gegeben wird, eine weitere Frage nach dem „warum?" folgen kann. Und wir haben beobachtet, daß das offensichtlichste Ergebnis solchen Fragens ein Nicht-Handeln ist. Anders gesagt, wenn man versucht, den Grund von irgend etwas herauszufinden, ist es weniger wahrscheinlich, daß man versucht, dies zu verändern. Wie wir aber schon ausgeführt haben, muß man den Grund von etwas nicht kennen, um es zu verändern. Im Gegenteil, der Prozeß der Veränderung beginnt, wenn man genau spezifiziert, wie man die Dinge gerne anders hätte. Drei wichtige Punkte sind dabei das „wer", „wo" und „wann" – nicht das „warum" – der erwünschten Änderung.

In bezug auf das „wer", „wo" und „wann" haben unsere KlientInnen es hilfreich gefunden, die Einzelheiten der erwünschten Änderung aus der jeweiligen Perspektive wichtiger Menschen in ihrem Leben zu betrachten. Das sind meist EhepartnerInnen, Kinder, Eltern, KollegInnen und FreundInnen. Diese wichtigen Anderen sind vom Alkoholgebrauch unserer KlientInnen oft stark betroffen. Aber noch wichtiger ist es, daß sie auch davon betroffen sind, wenn unsere KlientInnen ihre Probleme lösen, z.B. wenn sie keine Probleme mehr mit Alkohol haben. Aus diesem Grund ermuntern wir unsere KlientInnen über zwei Dinge zu spekulieren, wenn sie ihre Probleme erst einmal gelöst haben: was ihre wichtigen Anderen bemerken, was an ihnen anders ist und was sie selber bemerken werden, was an ihren wichtigen Anderen anders ist. Zwei mögliche Nebeneffekte solcher Überlegungen sind die, daß viele unserer KlientInnen ein stärkeres Gefühl von Hoffnung in Hinblick auf ihre Zukunft erleben und wichtige Hinweise zur Lösung ihrer Probleme entdecken.

Traditionellen BehandlerInnen ist schon lange bekannt, daß Alkoholprobleme nicht nur die TrinkerInnen allein berühren. Trotz dieses Bewußtseins sind aber Familien, FreundInnen, PartnerInnen und KollegInnen traditionellerweise vom Behandlungsprozeß ausgeschlossen worden. Menschen, die von den Alkoholproblemen anderer berührt werden, sind typischerweise in die Rolle gedrängt worden, diesen zu helfen, irgendeine Form der Behandlung aufzunehmen. Danach werden sie – getrennt von den ProblemtrinkerInnen – zu ihrer eigenen Behandlung geschickt oder in Selbsthilfe-Gruppen. In diesen Gruppen wird ihnen meistens beigebracht, wie sie trotz bester Absichten zur Aufrechterhaltung des Problems beigetragen haben. Sie bekommen Etiketten wie „ErmöglicherIn" [enabler] und „Ko-Abhängige"; ihnen wird gesagt, sie „hätten den Bezug zur Wirklichkeit verloren und würden im Grunde an derselben Krankheit leiden" wie die ProblemtrinkerInnen; und sie werden aufgefordert, ihr eigenes Gesundungsprogramm anzufangen (Johnson, 1986, S. 55).

Demgegenüber inkorporieren unsere erfolgreichen KlientInnen einheitlich die Perspektiven ihrer wichtigen Anderen in ihr eigenes Bild von ihrem Erfolg und in ihre persönliche Heilungspläne. Es folgen einige Fragen, die unsere KlientInnen hilfreich finden, dies zu tun:

● Wer wird die erste Person sein, die bemerkt, daß das Wunder geschehen ist? Was wird sie bemerken?

● Was wird Ihr/e (PartnerIn, Kind, FreundIn, KollegIn) bemerken, was nach dem Wunder anders an Ihnen ist?

- Was werden Sie bemerken, was bei Ihrer/Ihrem (PartnerIn, Kind, FreundIn, KollegIn) nach dem Wunder anders ist?
- Wer wird am meisten überrascht sein, wenn Ihr Problem gelöst ist? Was wird diese Person sehen, was Sie tun, von dem er oder sie gedacht hat, das wäre nie möglich gewesen? Was werden Sie sehen, was diese Person anders macht, von dem Sie gedacht haben, das wäre nie möglich gewesen?

Nachdem Sie das „wer" betrachtet haben, nehmen Sie sich ausreichend Zeit, das „wo" und „wann" Ihrer Lösung zu betrachten. Entgegen der traditionellen Auffassung durchziehen Alkoholprobleme nicht jeden einzelnen Aspekt Ihres Lebens. Wir haben tatsächlich festgestellt, daß die meisten KlientInnen Zeiten haben, wann – und auch Plätze wo – sie keinen Alkohol zu sich nehmen. Die meisten traditionellen Behandlungsansätze ignorieren diese Umstände. Problemtrinken soll vielmehr in jedem einzelnen Aspekt des Lebens gegenwärtig sein. Selbst wenn jemand nicht trinkt, so heißt es, daß er oder sie die Persönlichkeitsschwächen oder -störungen zeigt, die Leute mit Alkoholproblemen charakterisieren.

Wir haben es für das Entwickeln von Lösungen als überaus hilfreich empfunden, genau anzugeben, wo und wann die Lösung am wahrscheinlichsten auftritt.

Calvin läßt es kalt

Nehmen wir beispielsweise Calvin, einen 45jährigen Ingenieur, der wegen eines ernsten Problems mit Kokain zur Behandlung kam. Calvin war kürzlich mit dem Tod zusammengestoßen, als er nach einem Abend mit viel Kokain einen Herzanfall bekam. Es war nur zu gut verständlich, daß ihn das ängstigte und er den starken Wunsch hatte, mit dem Kokain aufzuhören. Er sagte aber, er hätte nicht viel Hoffnung, damit aufzuhören, denn er hätte schon zwei Drogenbehandlungsprogramme ohne Erfolg hinter sich. Im Laufe des Interviews erfuhren wir, daß Calvin dann am stärksten versucht war, Kokain zu nehmen, wenn er sein Gehalt bekam. In der Nacht seines Herzanfalls hatte Calvin in ein paar Stunden tatsächlich sein gesamtes Monatseinkommen für Kokain verbraucht. Teil der Lösung, die Calvin schließlich entwickelte, war, daß sein Gehalt direkt auf sein Konto kam. Er sagte uns, daß er dann, wenn er sein Geld nicht in Händen hat, dem starken Verlangen nach Kokain besser widerstehen könne. Er verband diese Strategie mit Plänen, sich am Zahltag mit KollegInnen zu verabreden.

Calvins Geschichte ist ein hervorragendes Beispiel für den Nutzen, wenn das „wo" und „wann" der Lösung genau angegeben wird. Calvin war dann am ehesten erfolgreich, *wenn* er das Geld nicht in Händen hatte. *Wo* war Calvin am ehesten erfolgreich? Mit ArbeitskollegInnen. Calvins erfolgreiche Behandlung lief weitgehend darauf hinaus, ihm zu helfen, diese Muster zu erkennen und dann zu wiederholen.

***

Auch Sie können davon profitieren, wenn Sie das „wo" und „wann" Ihrer Lösung sehr genau angeben, indem Sie die folgenden Fragen beantworten:

- Wo werden Sie aller Wahrscheinlichkeit nach sein, wenn Sie zum ersten Mal bemerken, daß das Wunder eingetreten ist? Was werden Sie aller Wahrscheinlichkeit nach bemerken?

- Wo werden Sie aller Wahrscheinlichkeit nach in/bei (geben Sie hier die gewünschte Veränderung sehr genau an) erfolgreich sein?

- Was würden andere sagen, wo Sie aller Wahrscheinlichkeit nach erfolgreich sein werden?

- Wo sind Sie in der Vergangenheit erfolgreich gewesen?

- Was würden andere sagen, wo Sie in der Vergangenheit erfolgreich gewesen sind?

- Wann sind Sie in der Vergangenheit erfolgreich gewesen? Was war anders, daß es Sie dazu brachte, erfolgreich zu sein?

- Was würden andere sagen, wann Sie erfolgreich gewesen sind? Was würden sie sagen, hat dazu geführt, daß Sie erfolgreich waren?

- Wo würden Sie garantieren, daß Sie nicht erfolgreich wären? Wo würden Sie garantieren, daß Sie erfolgreich wären?

Entdecken Sie den für Sie passenden Satz Schlüssel

In der alten TV-Spielshow „Split Second" mußten die Kandidaten und Kandidatinnen eine Reihe schwieriger Fragen beantworten. Der- oder diejenige, die am Ende der Show die meisten Fragen beantwortet hatte, konnte ein nagelneues Auto gewinnen. Alles, was er oder sie tun mußte, war, aus einer Gruppe ähnlich aussehender Schlüssel den richtigen auszuwählen – denjenigen, der zum Auto paßte. Paßte der Schlüssel, dann hatte der- oder diejenige das Auto gewonnen, konnte sich als Champion zurückziehen und in der TV-Geschichte verschwinden. Paßte der Schlüssel nicht, so wurde er oder sie zu einer neuen Chance am nächsten Tag eingeladen. Natürlich war die ganze harte Arbeit des Fragenbeantwortens noch einmal zu durchlaufen, um eine neue Chance, das Auto zu gewinnen, zu erhalten.

In gewisser Weise ist das Aufschließen der Tür zur Lösung dem sehr ähnlich, KandidatIn bei „Split Second" zu ein. Sie müssen verschiedene Schlüssel oder Schlüsselkombinationen ausprobieren, ehe Sie erfolgreich sind. Geben Sie nicht auf! Erfolg erfordert harte Arbeit und Hingabe. Schreiben Sie sich das Verdienst für die harte Arbeit zu, Ihr Problem zu lösen, wie klein oder unbedeutend die Änderungen auch sein mögen. Kleine Veränderungen werden keine größeren und anhaltenden Änderungen, die Sie sich wünschen, wenn sie nicht bemerkt und aufmerksam behandelt werden. Seien Sie in Ihren Erwartungen, was den Fortschritt betrifft, realistisch. Das Problem, mit dem Sie kämpfen, ist nicht leicht zu lösen. Wenn es z.B. so leicht wäre, wie „Sag' einfach nein", dann hätten Sie es jetzt schon gelöst!

Wir hoffen, daß unsere Klarheit über die harte Arbeit, die das Lösen Ihres Alkoholproblems erfordert, möglicher Enttäuschung und Aufgabe vorbeugt, wenn Sie versuchen, die Ideen dieses Kapitels umzusetzen. In der Theorie sind die Ideen einfach; in der Praxis sind sie aber nicht leicht. Im Laufe der Jahre haben wir allerdings gelernt, daß zwischen einfach und leicht ein riesiger Unterschied besteht.* Wenn Sie versuchen, diese einfachen Ideen in die Praxis umzusetzen, dann wird das vermutlich mit die schwerste Arbeit Ihres Lebens sein. Es ist aber möglich, sie in die Praxis umzusetzen. Wir wissen das, weil wir jeden Tag in unserer klinischen Arbeit mit ProblemtrinkerInnen diesen Leuten helfen, diese Ideen in die Praxis umzusetzen. So wie wir werden vermutlich auch Sie einige Erfolge und Fehlschläge erleben. Achten Sie ganz genau auf Ihre Erfolge und geben Sie nicht der Versuchung nach, etwas weiter zu machen, was für Sie nicht funktioniert. Wenn Sie dabei einen Zusatzverstärker brauchen, dann beziehen Sie sich auf die Kurz-Übersicht der Wunder-Methode.

---

*) **Anm.d.Hrsg.:** Diesen Aspekt betonen BERG & DE SHAZER (1993), DE SHAZER (1996) sowie LIPCHIK (1994)

Erfolg „beim Verladen"

Eine letzte Bemerkung zu Lee. Gegen Ende des ersten Gesprächs arbeiteten er und der Therapeut sehr hart daran, das „wer, wo und wann" seines Wunders zu identifizieren. Dann vereinbarten sie einen Termin für die folgende Woche. Als Lee zur zweiten Sitzung erschien, berichtete er, daß er jeden Tag auf der Arbeit ein Lächeln gezeigt hatte. „Der erste Tag", so erzählte er dem Therapeuten, „war der schwerste." Diese Schwierigkeit, so erzählte er dem Therapeuten, löste sich auf, als, so wie er es vorhergesehen hatte, einige der KollegInnen auf der Verladerampe entnervt waren. Sie befürchteten, daß Lee sie durchschaute, hörten mit ihren Spielen auf und fingen wieder an, hart zu arbeiten. Das beeinflußte natürlich Lee. Er mußte nicht mehr dauernd die Kneipe besuchen.

Kurz-Übersicht der Wunder-Methode

Die Tür zur Lösung zu finden, beginnt mit der Entscheidung: Ich will, daß mein Leben anders ist!

Die Tür zur Lösung zu öffnen, beginnt mit einer Betrachtung, wie Sie Ihr Leben anders haben möchten, wenn Ihr Problem gelöst ist: Angenommen, es geschieht ein Wunder ...

Die Tür zur Lösung aufzuschließen, wird von sechs Schlüsseln begleitet:

1. Stellen Sie sicher, daß Ihr Wunder für Sie wichtig ist.

2. Halten Sie es klein.

3. Machen Sie es spezifisch, konkret und verhaltensbezogen.

4. Stellen Sie sicher, daß Sie sagen, was Sie tun *werden*, anstatt was Sie *nicht* tun werden.

5. Sagen Sie, wie Sie Ihre Reise beginnen werden und nicht, wie Sie sie beenden werden.

6. Seien Sie sich im klaren über das wer, was und wann, aber nicht über das warum.

4. Lektionen aus Oz

Drei wertvolle Hinweise, Ihren Weg zur Lösung zu finden

> Es geschieht so oft,
> daß wir in Ketten unser Leben leben
> und nicht einmal wissen,
> daß wir den Schlüssel haben.
>
> – J. TEMPCHIN und R. STRADLUND, „Already Gone"

> ... das Königreich Gottes ist in euch.
>
> – LUKAS, 17:21

Der Zauberer von Oz hat selber eingestanden, „ein sehr schlechter Zauberer" zu sein. Allerdings war er ein hervorragender Therapeut. Nehmen Sie sich nur einmal einen Moment Zeit, und lassen sie diesen Filmklassiker an sich vorüber ziehen. Die Vogelscheuche Krähenschreck, der Löwe, der Blechholzfäller und Dorothy kommen zum Zauberer, weil sie glauben, ihnen fehle eine bestimmte Fähigkeit oder Eigenschaft. Der tolpatschigen Vogelscheuche fehlt es an Grips, dem verängstigten Löwen an Mut und dem hohlen Blechholzfäller fehlt das Herz. Und wie Sie wahrscheinlich erinnern werden, fehlt Dorothy die Kraft, nach Hause zu ihren Lieben zurückzukehren. Was schlägt der Zauberer vor, um diesem bunt zusammengewürfelten Haufen zu helfen? Er schickt sie auf eine Reise. Diese Reise scheint wenig mit dem zu tun zu haben, weshalb die einzelnen Mitglieder der Gruppe ihn um Hilfe gebeten haben, und außerdem scheinen dort viele Gefahren zu lauern. Die Gruppe muß sich z.B. mit fliegenden Affen herumschlagen, die steilen Klippen überwinden, die zur Burg der bösen Hexe führen und es schaffen, sich an den Palastwachen vorbeizustehlen — ganz zu schweigen von der Aufgabe, der bösen Hexe entgegenzutreten und ihren Besen zu stehlen. Und als Antwort auf ihre Hilferufe sagt der große und mächtige Zauberer von Oz der Gruppe lediglich, sie sollten zusehen, daß sie auf ihrer Reise weiterkommen!

Sie werden sich jetzt vielleicht fragen, was daran therapeutisch sein soll? Unterwegs entdecken alle Gruppenmitglieder, daß sie die Eigenschaften, die ihnen der Zauberer verleihen sollte, bereits besitzen. Die Vogel-scheuche Krähenschreck strengt ihren Grips an und entwickelt einen Plan, um die Wachen zu überlisten und sich Zugang zur Burg der bösen Hexe des Westens zu verschaffen. Der feige Löwe trotzt dem felsigen Abhang, der zur Burg führt und schlägt die Wachen in die Flucht. Der Holzfäller zeigt Gefühle tiefer Verbundenheit mit seinen Freunden.

So merkwürdig es klingen mag, aber die Geschichte des Zauberers von Oz ähnelt sehr stark der Art, wie sich Menschen in einer lösungsorien-tierten Therapie verändern. Die KlientInnen begeben sich auf eine un-gewisse Reise, auf der sie entdecken, daß sie bereits besitzen, wovon sie meinten, daß es ihnen nur der Zauberer-Therapeut geben könnte: die Lösung ihrer Probleme! Lösungsorientierte TherapeutInnen helfen ihren KlientInnen also dabei, die Fähigkeiten, Stärken und Lösungen zu entdecken, die sie bereits besitzen, aber vielleicht noch nicht wahrge-nommen haben oder nicht vorteilhaft einzusetzen wissen.

Traditionell verwenden BehandlungsexpertInnen nur sehr wenig Zeit darauf, diese Stärken, Ressourcen und Lösungen herauszuarbeiten. Im Bereich der Alkoholbehandlung sind diese Ressourcen im Gegenteil nicht nur ignoriert, sondern oft sogar mißtrauisch beäugt und manchmal so-gar als gefährlich gebrandmarkt worden. Nehmen Sie z.B. einmal Pro-blemtrinkerInnen, die es irgendwie von alleine geschafft haben, ihr Trin-ken entweder zu beenden oder zu kontrollieren. „Lassen Sie sich nicht von längeren Zeiten des unproblematischen Alkoholkonsums täuschen", raten die ExpertInnen. *„Sie sind nicht in der Lage, Ihr Trinken zu kontrol-lieren! Sie sind dem Alkohol gegenüber machtlos!"* (ALCOHOLICS ANONY-MOUS, 1976) „Es mag Plateaus geben ... aber die Krankheit schreitet mit der Zeit unaufhaltsam zu einer immer größeren und ernsthafteren Ver-schlechterung fort. ... Unentdeckt", sagt der Reha-Guru Vernon JOHNSON (1986), „ist körperliche Abhängigkeit eine zu 100% tödliche Krankheit."

ProblemtrinkerInnen werden immer wieder als abwehrend, raffiniert und manipulativ beschrieben. Fachleuten und Familienangehörigen wird aus diesem Grunde von den sogenannten AlkoholbehandlungsexpertInnen geraten, sich niemals durch irgendein „gutes" Verhalten von seiten der ProblemtrinkerIn täuschen zu lassen. „Ein einziger Ausrutscher kann eine Rückkehr in die aktiven Phasen der Krankheit nach sich ziehen", schreibt JOHNSON. So werden längere Zeiten der Nüchternheit als „trockener Al-koholismus" etikettiert und nicht als „entscheidende erste Schritte auf dem Weg zum Erfolg." Rückschläge und Rückfälle werden als Beweis für die fortschreitende Krankheit Alkoholismus gewertet und nicht als

78

Teil eines jeden Versuches, das eigene Verhalten zu verändern usw. Die meisten traditionellen Behandlungsansätze konzentrieren sich vor allem darauf, die Schwächen, Defizite und Probleme zu lokalisieren, die die KlientIn mit in die Therapie bringt. Tatsache ist allerdings, daß die *eigenen Ressourcen der KlientIn für sage und schreibe drei Fünftel (60 Prozent) jeglicher in der Behandlung beobachteter Veränderung verantwortlich sind* (DUNCAN & MOYNIHAN, 1994).

Die Ausschließlichkeit, mit der sich traditionelle Behandlungsansätze auf Schwächen konzentrieren, zeigt das Beispiel einer Begegnung, die wir kürzlich mit dem Leiter einer kommunalen Suchtberatungsstelle hatten. Am Ende eines Workshops für die MitarbeiterInnen dieser Einrichtung bat uns der Leiter, einen Blick auf die Fragebögen zu werfen, mit denen die MitarbeiterInnen vor Beginn der Behandlung Informationen über die KlientInnen abfragten. Über das Problem jeder KlientIn wurden fünf Seiten an Informationen gesammelt. Auf diesen fünf Seiten gab es allerdings nur eine Zeile — eine einzige Zeile — am Ende der letzten Seite, wo die TherapeutIn gebeten wurde, irgendwelche Stärken der KlientIn zu notieren.

Aber haben denn die TherapeutInnen nicht die Lösungen?

Aus gutem Grunde werden Sie sich jetzt vielleicht fragen, warum man KlientInnen dazu zwingen sollte, ihre eigenen Lösungen zu finden? Warum sollte man sie auf eine gefahrvolle Reise schicken, die noch dazu wie beim *Zauberer von Oz* die Möglichkeit des Scheiterns beinhaltet? Kennen denn die TherapeutInnen nicht die besten Lösungen? Warum zeigen sie ihren KlientInnen nicht einfach die besten Lösungen auf? Wäre das nicht leichter und effektiver?

Die Antwort ist, es wäre tatsächlich leichter und effektiver. Das Problem ist allerdings, daß dieser Ansatz einfach nicht funktioniert. Wir können auch hier wieder etwas aus der Geschichte des *Zauberers von Oz* lernen. Denken Sie noch einmal zurück an den Film. Denken Sie besonders daran, was geschieht, als der Zauberer versucht, Dorothys Problem für sie zu lösen, indem er sie in einem Heißluftballon zurück nach Kansas fliegt. Er versagt nicht nur bei dieser Aufgabe, sondern läßt sie am Boden zerstört und mit gebrochenem Herzen im Lande Oz zurück. Die Situation wird erst in dem Moment gerettet, als Glinda, die gute Hexe, auftaucht und Dorothy mitteilt, daß sie den Zauberer überhaupt nicht braucht, um nach Kansas zurückzukehren, da sie schon immer die Kraft besessen habe, nach Hause zu gelangen. Alles, was sie Glinda zufolge tun muß, ist, dreimal schnell hintereinander die Silberschuhe mit den Hacken zusammenschlagen und dabei den Satz wiederholen: „Nirgends ist es wie zuhause."

Am Ende des Films sagt uns die gute Hexe, warum es nicht funktioniert, wenn TherapeutInnen versuchen, ihren KlientInnen die Lösungen, die sie zwar besitzen, aber noch nicht wahrnehmen, einfach mitzuteilen. Sie tut das, als die Vogelscheuche sie fragt, warum man Dorothy nicht einfach am Anfang der Reise gesagt hat, daß sie die Kraft besitzt, nach Hause zu gelangen. Weise antwortet Glinda: „Weil sie (Dorothy) mir nicht geglaubt hätte ... *sie mußte das selbst lernen.*"

Sie haben Ihre eigene Reise zu einer Lösung angetreten, als Sie angefangen haben, dieses Buch zu lesen. Als Sie im letzten Kapitel die Wunderfrage beantwortet haben, haben Sie sich ausgemalt, was Sie auf Ihrer Reise erreichen wollen. In diesem Kapitel werden Sie drei spezifische Hinweise kennenlernen, um die Fähigkeiten, Stärken und Lösungen zu finden, die Sie bereits besitzen, aber vielleicht noch nicht erkennen und zu Ihrem Vorteil nutzen können. Seien Sie nicht überrascht, wenn diese Hinweise Sie zu dem führen, was der Zauberer von Oz schon die ganze Zeit wußte: daß Sie genau die Sache, von der Sie glaubten, sie nicht zu haben, schon immer besessen haben: die Lösung Ihres Problems.

Drei Hinweise auf die Lösung

Hinweis 1:
Suche nach Teilen des Wunders, die jetzt schon geschehen

Es gibt einen bekannten Witz über einen Polizisten, der einem Betrunkenen begegnet, der auf allen Vieren unter einer Straßenlaterne herumkriecht. Als der Polizist ihn fragt, warum er da herumkriecht, antwortet der Mann, daß er seine Schlüssel sucht, die er, wie er in die Dunkelheit weisend sagt, irgendwo „da drüben" verloren hat. Leicht verwirrt von der Antwort des Mannes fragt der Polizist: „Aber warum in aller Welt suchen Sie dann hier unter der Laterne, wenn Sie Ihre Schlüssel, wie Sie sagen, *da drüben* verloren haben?"

„Na weil," antwortet der Betrunkene ganz sachlich, *„da drüben* ist es zu dunkel zum Suchen!"

ProblemtrinkerInnen ähneln oft dem Mann, der seine verlorenen Schlüssel unter der Laterne sucht. Sie suchen an den am besten beleuchteten, aber, was die Lösung angeht, oft nicht gerade naheliegendsten Stellen. Der Großteil ihrer Zeit vergeht z.b. mit der Untersuchung des Problems, mit dessen Analyse, Diskussion und dem Versuch, es zu verstehen, und nicht etwa damit, bereits existierende Lösungen zu suchen, zu bemerken und zu nutzen. Daß wir alle dies tun, ist verständlich, da es ja normalerweise das Problem ist, was uns in unseren Köpfen am meisten beschäftigt. Dennoch ist das Problem eindeutig nicht der naheliegendste Bereich, um nach Lösungen zu suchen, auch wenn es den zentralen Bereich unseres Bewußtseins einnimmt. Wie in der Geschichte des Mannes unter der Laterne ist der naheliegendste Ort, um nach einer Lösung zu suchen, die Stelle, wo diese bereits existiert — mit anderen Worten, der Ort, an dem Lösungen bereits stattgefunden haben, aber aus irgendwelchen Gründen unbemerkt geblieben sind oder als Zufälle abgetan wurden.

Wie können Sie diese Lösungen finden, die es bereits gibt? Nehmen Sie sich zunächst einmal einen Moment Zeit, um an die Arbeit zurückzudenken, die Sie im letzten Kapitel geleistet haben. Wir hatten Sie gebeten, sich vorzustellen und detailliert zu beschreiben, inwiefern Ihr Leben anders wäre, wenn Ihr Problem gelöst wäre. Die Suche nach bereits existierenden Lösungen beginnt nun genau bei Ihrer Beschreibung. Genauer gesagt beginnt sie damit, daß Sie ihre Beschreibung noch einmal durchsehen und dabei *nach Zeiten suchen, in denen Teile dessen, was Sie beschrieben haben, in Ihrem Leben bereits geschehen oder in der Vergangenheit geschehen sind.* Solche Zeiten nennen wir *Ausnahmen* (MILLER, 1993; 1994) — mit anderen Worten, Teile des Wunders, die in Ihrem Leben in der jüngsten Vergangenheit geschehen sind oder in der Gegenwart geschehen.

Wir haben herausgefunden, daß es in zweierlei Hinsicht Sinn macht, KlientInnen dabei zu helfen, die Zeiten, in denen in ihrem Leben bereits Teile des Wunders geschehen, zu bemerken und dann zu untersuchen. Erstens ruft es bereits existierende Lösungen ins Bewußtsein. Zweitens versetzt es KlientInnen in die Lage, diese Lösungen in Zukunft zu wiederholen. PhilosophInnen streiten sich darüber, ob ein Geräusch entsteht, wenn im Wald ein Baum umfällt, aber niemand in der Nähe ist, der es hören könnte. Was auch immer die PhilosophInnen schließlich entscheiden werden, wir wissen, daß Lösungen, die nicht bemerkt werden, auch kein Geräusch — oder mit anderen Worten, keinen Unterschied — machen und schließlich wieder verschwinden werden. Aus diesem Grunde müssen Sie sehr sorgfältig sein, wenn Sie Ihre Erfahrungen nach Hinweisen auf existierende Lösungen absuchen.

Deshalb nehmen Sie sich jetzt, bevor Sie weiterlesen, etwas Zeit, sehen Sie sich Ihre Antworten auf die Wunderfrage noch einmal an und suchen Sie nach Ausnahmen. Berücksichtigen Sie beim Durchgehen Ihrer Antworten die folgenden Fragen:

- Wann war das letzte Mal, daß ein, wenn auch nur sehr kleiner Teil des Wunders geschehen ist?

- Was würden andere sagen, wann das letzte Mal ein, wenn auch nur sehr kleiner Teil des Wunders geschehen ist?

- Wann in Ihrem Leben haben Sie ein, wenn auch nur kleines Teil des Wunders erlebt, das Sie beschreiben?

- Was würden andere sagen, wann in Ihrem Leben Sie ein, wenn auch nur kleines Teil des Wunders, das Sie beschreiben, erlebt haben?

***

Völlig am Ende und nicht in Beverly Hills

Russell war ein Finanzmakler, den das Pech verfolgte. In den 80er Jahren hatte er mit seiner Frau und seinen zwei Kindern in einem luxuriösen Haus in Beverly Hills gewohnt. Eine Kombination aus Alkohol und falschen Investitionsentscheidungen hatte ihn allerdings seine Familie und sein Geschäft gekostet. Entmutigt, niedergeschlagen und pleite war er schließlich gezwungen, Kalifornien zu verlassen und in den Mittleren Westen zurückzukehren, wo er bei seinen Eltern lebte. Als wir ihn das erste Mal sahen, war er gerade zwei Wochen zurück.

Zu Beginn sagte Russell, es gäbe keine Hoffnung für ihn, und es wäre wahrscheinlich besser, er wäre tot. Alles in seinem Leben hatte er verloren: seinen Job, sein Haus, seine Frau und seine Kinder. Schließlich stellten wir Russell die Wunderfrage. Unter anderem sprach er davon, nüchtern zu sein, den Kontakt zu seinen Kindern aufrecht zu erhalten und eine Arbeit zu finden. Als wir ihn baten, genauer zu beschreiben, was er meinte, als er sagte, er wäre „nüchtern", erschien zum ersten Mal in dieser Sitzung ein Lächeln auf seinem Gesicht. „Wissen Sie," sagte er, „ich schätze, ich meine, daß ich mehr so bin wie in den letzten zwei Wochen." Als wir ihn baten, uns das zu erklären, sagte er uns, daß er keinen Schluck mehr getrunken hatte, seit er bei seinen Eltern eingezogen war.

Russells Erfahrungen sind nicht ungewöhnlich. ProblemtrinkerInnen sind sehr oft in der Lage, sich an Zeiten zu erinnern, in denen Teile ihres Wunders in ihrem Leben geschehen sind. Solche Ausnahmen zu bemerken, ist der erste Schritt auf dem Weg, diese in Zukunft wiederholen zu können.

***

Das Puzzle zusammensetzen

Zu bemerken, daß Sie Zeiten erlebt haben, in denen Teile des Wunders geschehen sind, ist nur der erste Schritt, auf dem Weg Ihr Problem mithilfe von Schlüssel 1 zu lösen. Um solche Veränderungen in Zukunft wiederholen zu können, müssen Sie noch weitere Informationen sammeln. Genauer gesagt, benötigen Sie Informationen, die Sie verstehen lassen, was anders ist als sonst, wenn Sie ein Teil des Wunders erleben. Denken Sie über das Muster der Ereignisse nach, die zu diesen Zeiten geschehen. In der Geschichte Ihrer Erfahrungen nach Mustern zu suchen, ähnelt, wie Sie vielleicht bemerkt haben, sehr stark dem, was in den meisten traditionellen Behandlungen geschieht. Der große Unterschied ist der, daß Sie in traditionellen Behandlungen detailliert nach Mustern und Ereignissen gefragt werden, die mit *dem Problem* zu tun haben. Das Ziel dabei ist, diese Muster zu verstehen und dadurch in die Lage zu kommen, diese zu verändern oder zu eliminieren. Bei der lösungsorientierten Behandlung dagegen wird Ihnen geholfen, die Muster zu entdecken, die mit *Lösungen* zu tun haben. Dabei besteht die Hoffnung, daß diese Muster verstärkt und zu wiederholtem Auftreten ermutigt werden können.

Die folgenden Fragen sollen Ihnen helfen, ein Verständnis für die Umstände und Muster zu gewinnen, die auftreten, wenn Teile des Wunders geschehen. Die Entdeckung dieser Muster ist der Schlüssel zur bewußten Wiederholung dieser Teile des Wunders in der Zukunft. Die Fragen konzentrieren sich im einzelnen auf das, was wir das was, wo, wer, wann und wie der Ereignisse, die Sie erlebt haben, nennen:

● **Was ...**

... haben Sie bemerkt, was Sie selber anders als sonst gemacht haben, als Sie die Teile des Wunders erlebt haben?

... haben andere Sie tun sehen, als Sie diese Veränderungen erlebt haben? Was genau haben diese anderen Sie tun sehen, was ihnen gezeigt hat, daß Sie eine Veränderung erlebt haben?

... ist, kurz bevor und kurz nachdem Sie die Teile des Wunders erlebt haben, passiert? Was noch? Wie hat dies das Auftreten von Teilen des Wunders beeinflußt?

... würden andere sagen (oder haben andere gesagt), was, kurz vor und kurz nachdem Sie die Teile des Wunders erlebt haben, passiert ist? Was noch? Wie hat dies das Auftreten von Teilen des Wunders beeinflußt?

... haben Sie getan, um das Auftreten von Teilen des Wunders ganz oder teilweise zu bewerkstelligen?

... haben Sie zu dem Zeitpunkt, als Sie die Teile des Wunders erlebt haben, *nicht* getan, was deren Auftreten vielleicht verursacht hat? Was haben Sie stattdessen getan? Wie hat das deren Auftreten beeinflußt?

... müßten Sie sich (oder andere Sie) wieder tun sehen, um sich (oder diese anderen) davon zu überzeugen, daß das Auftreten dieser Teile der Anfang eines echten Wunders ist und nicht nur ein Zufall?

● **Wo ...**

... waren Sie, als die Teile des Wunders geschahen? Hat das deren Auftreten beeinflußt? Wenn ja, wie?

... waren Sie kurz vor und kurz nach dem Auftreten der Teile des Wunders? Wie hat das deren Auftreten beeinflußt?

... waren Sie *nicht* vor, während oder nach dem Auftreten dieser Teile? Wie hat das deren Auftreten beeinflußt? Wo waren Sie stattdessen?

● **Wer ...**

... *war* in der Nähe, als Sie die Teile des Wunders erlebt haben? Wie hat das deren Auftreten beeinflußt?

... war *nicht* in der Nähe, als Sie die Teile des Wunders erlebt haben? Wie hat das deren Auftreten beeinflußt?

● **Wann ...**

... traten die Teile des Wunders auf? Welche Rolle spielen die Tageszeit, der Wochentag, die Woche usw. beim Auftreten dieser Teile des Wunders?

● **Wie ...**

... haben Sie die Teile des Wunders zustandegebracht? Was genau haben Sie anders gemacht als sonst, was die Veränderung verursacht hat?

... haben andere das Auftreten der Teile des Wunders verursacht? Was genau haben diese anderen getan, was das Auftreten von Teilen des Wunders beeinflußt hat?

***

Zurück bei „Beverly Hills 90210"

Als Russell dem Therapeuten sagte, daß er ein Beispiel für das Wunder, das er beschrieb, erlebte, fing der Therapeut an, ihm die wer-, was-, wann-, wo- und wie-Fragen zu stellen.

Dies geschah in einem Versuch, mehr über das Muster der Ereignisse herauszufinden, die mit diesem Beispiel zusammenhingen, damit Russell seinen Erfolg in Zukunft wiederholen könnte. Hier ist ein Gesprächsauszug aus diesem Teil der Sitzung:

Ther.: Sie sagen, Sie haben nicht einen Schluck getrunken, seit Sie bei Ihren Eltern eingezogen sind?

Russell: Das stimmt. Das letzte Mal habe ich vor ... zwölf Tagen etwas getrunken. Heute um Mitternacht bin ich dreizehn Tage lang abstinent.

Ther.: Glückwunsch!

Russell: Danke.

Ther.: *Wie* haben Sie das geschafft?

Russell: Es hat mein ganzes Leben ruiniert, und ich habe es satt. Ich habe meine Familie verloren und alles.

Ther.: Ja, ich weiß, aber *wie* haben Sie diese Gefühle in Handeln umgesetzt?

Russell: Meine Eltern haben geholfen.

Ther.: Was haben Ihre Eltern denn getan, das Ihnen geholfen hat, diesen Erfolg zu erleben?

Russell: Na ja, zunächst 'mal haben sie mir gesagt, sie würden mir helfen, meine Kinder wiederzusehen.

Ther.: Und das hat geholfen?

Russell: Ja.

Ther.: *Wie* hat Ihnen das geholfen, zu wissen, daß Sie Ihre Kinder wiedersehen werden?

Russell: Das ist so, wie wenn man ein Ziel hat. Sie haben mir gesagt, sie würden mir helfen, meine Kinder wiederzusehen, wenn ich nicht trinke.

Ther.: Ich verstehe. Sie müssen Ihre Kinder wirklich lieben.

Russell: Das tue ich.

Ther.: *Was* tun Sie, um mit den Gedanken bei Ihren Kindern zu bleiben? Weil ich mir sicher bin, daß Sie Versuchungen erlebt haben, oder?

Russell: Oh ja, gerade letzte Nacht habe ich mich so gefühlt, als müßte ich gleich 'rausgehen und mir 'was zu trinken besorgen, aber ich habe es nicht getan.

Ther.: *(überrascht)* Sie haben es nicht getan. *Was* haben Sie stattdessen getan?

Russell: Ich habe telefoniert und mit meinen Kindern gesprochen.

Ther.: Wow. *Wie* sind Sie auf diese Idee gekommen?

Russell: Das war aber auch nicht leicht, es ist so schwer für mich, daß die so weit weg sind.

Ther.: Klar. *Was* war hilfreich daran, mit Ihren Kindern zu sprechen?

Russell: *(unter Tränen)* Sie haben mir gesagt, daß sie mich lieben und daß sie mich vermissen.

Ther.: Und das hat geholfen?

Russell: Oh ja, das hat unheimlich geholfen. Ich glaube, dann gibt es Hoffnung. Wissen Sie, wenn sie mich lieben und vermissen, das heißt, daß sie mich nicht vergessen. Das heißt, daß ich jemandem wichtig bin, ihnen.

Ther.: Und das hilft. Fällt Ihnen sonst noch etwas ein, was vielleicht auch dazu beigetragen hat, diese beinahe dreizehn erfolgreichen Tage hervorzubringen?

***

Wie Sie aus diesem kurzen Gesprächsausschnitt ersehen können, hatte Russell angefangen, einzelne Elemente des Musters herauszuarbeiten, das seine dreizehn nüchternen Tage umgab. Offenbar hilft es ihm bei der Fortsetzung seines Erfolges, wenn er Dinge tut, die ihm helfen, mit den Gedanken bei seinen Kindern zu bleiben. Russell und der Therapeut untersuchten die Muster der Ereignisse rund um seinen Erfolg noch etwas länger.

Bevor Sie weiterlesen, nehmen Sie sich etwas Zeit, um sich noch einmal Ihre Antwort auf die Wunderfrage anzusehen und nach Hinweisen für Ausnahmen zu suchen. Lassen Sie uns noch einmal eines klarstellen, damit Sie das letzte Beispiel nicht mißverstehen: Im Gegensatz zu Russells Erfolgserlebnissen müssen die Ihren nicht mit Ihrem Trinkproblem zusammenhängen. Suchen Sie einfach nach Zeiten, in denen Sie Teile Ihres Wunders erlebt haben.

Hinweis 2: Lerne aus Fehlern, die du nicht machst

In einer unserer liebsten Sherlock-Holmes-Geschichten wird der berühmte Detektiv hinzugezogen, nachdem es den Detektiven von Scotland Yard nicht gelungen ist, das Rätsel um das Verschwinden des wertvollen Rennpferdes Silver Blaze zu lösen (DOYLE, 1988). Von Holmes Mitstreiter und altem Kumpel Dr. Watson erfahren wir, daß das Pferd nur wenige Tage vor dem wichtigsten Rennen der Saison aus seinem Stall verschwunden ist, und der Besitzer eine beträchtliche Summe verlieren wird, wenn es nicht vor dem Rennen wiedergefunden wird. Wie in allen Sherlock-Holmes-Fällen gibt es auch hier viele Verdächtigungen, aber, wenn überhaupt, nur wenige echte Hinweise. Zur Überraschung aller — außer der LeserIn natürlich — löst Holmes den Fall im Handumdrehen, findet das Pferd und identifiziert den Schuldigen.

Sie werden sich fragen, wie Holmes das schafft, wo doch alle anderen versagt haben? Natürlich deshalb, weil er einen entscheidenden Hinweis bemerkt, den alle anderen an dem Fall Beteiligten übersehen haben. Daß dieser Hinweis allen außer Sherlock Holmes entgeht, ist eigentlich nicht überraschend. Allerdings gelingt es dem ewig wachsamen Meisterdetektiv, das Unmögliche zu bemerken: Er bemerkt etwas, das *nicht* passiert ist. Genauer gesagt bemerkt er, daß der Hund des Stallbesitzers *nicht* gebellt hat, als der Dieb in den Mietstall eingedrungen ist, um Silver Blaze zu stehlen. Dieser „eigenartige Vorfall", wie Holmes den Hinweis bezeichnet, zeigt, daß der Hund die Person, die das Pferd gestohlen hat, *kannte*. Sobald Holmes dieses Nicht-Ereignis bemerkt hat, ist die Identität des Diebes klar und der Fall gelöst.

So wie Sherlock Holmes Dinge zu bemerken, die *nicht* passieren, ist nicht einfach. Aus ihrer Durchsicht der vorliegenden Forschungsergebnisse zur menschlichen Wahrnehmung schließen die Psychologen Richard N. Nisbett und Lee R. Ross (1980) vielmehr, daß dies fast unmöglich ist. Unsere Spezies hat beträchtliche Schwierigkeiten, solche Informationen wahrzunehmen und deren Bedeutung einzuschätzen. Wie wir aber aus der „Silver-Blaze"-Geschichte ersehen können, kann uns derartige „Null-Information", wie ForscherInnen sie nennen, wertvolle Hinweise auf die Lösung schwieriger und verwirrender Probleme liefern.

Dies gilt insbesondere für alle Versuche, eine Lösung für schwierige persönliche Probleme wie das problematische Trinken zu finden. Wir haben z.B. herausgefunden, daß Null-Information – d.h. die Zeiten, wenn jemand nicht trinkt oder kein Trinkproblem hat – oft sehr nützlich ist, da sie Hinweise auf die Lösung des Alkoholproblems liefert. Und tatsächlich sind diese Zeiten so wichtig, daß wir ihnen einen speziellen Namen gegeben haben: *Ausnahmen*. Ausnahmen sind, kurz gesagt, die Zeiten, in denen Menschen nicht ihr übliches Muster des Problemtrinkens erleben. Es kann z.B. sein, daß jemand ganz aufhört zu trinken, daß er verantwortlicher und kontrollierter trinkt, daß er an einem Entwöhnungs- oder sonstigem Behandlungsprogramm teilnimmt oder daß er seinen Alkoholkonsum in anderer positiver Weise verändert. Der oder die Betreffende zeigt also nicht das übliche beunruhigende Muster des Problemtrinkens.

Nehmen wir z.B. Ralph, einen Mann, dem wir zum ersten Mal im Krankenhaus begegneten, wo er sich einer medizinischen Behandlung unterzog, nachdem er beinahe an einem zwei Monate andauernden Besäufnis gestorben war. Ralph hatte eine lange Geschichte problematischen Trinkens, die ihn mehr als einmal ins Krankenhaus gebracht hatte. Wir sollten nun entscheiden, ob er wegen seines Alkoholproblems in ein vierwöchiges stationäres Behandlungsprogramm überwiesen werden sollte. Als Teil unserer standardisierten, lösungsorientierten Befragung baten wir Ralph, uns von dem letzten Mal zu erzählen, als er nüchtern war. Aufgrund unserer Erfahrungen mit Ausnahmen waren wir nicht überrascht, als er berichtete, daß er zu verschiedenen Zeiten in seinem Leben nüchtern gewesen war. Wir waren allerdings überrascht, als er uns erzählte, daß die letzte dieser Phasen *zwölf Jahre* lang gedauert hatte! Überflüssig zu sagen, daß Ralph nicht in das stationäre Behandlungsprogramm überwiesen wurde. Stattdessen untersuchten wir in einer handvoll ambulanter Besuche, was er in seiner zwölfjährigen Ausnahmezeit getan hatte, um nüchtern zu bleiben, und halfen ihm dabei, einen Plan zu entwickeln, um dieselben Aktivitäten auch in Zukunft ausführen zu können.

Nicht alle ProblemtrinkerInnen haben so lange Ausnahmezeiten erlebt wie Ralph. In unserer Arbeit mit ProblemtrinkerInnen haben wir allerdings festgestellt, daß die Mehrheit durchaus Zeiten erlebt hat, in denen das Trinken kein Problem war. Bei manchen haben diese Ausnahmezeiten Tage, Wochen oder sogar Monate betragen. Bei anderen sind diese Ausnahmen dagegen vielleicht nur ganz kurz oder unter sehr spezifischen Umständen, z.B. während des Aufenthalts in einem Krankenhaus oder einem Behandlungsprogramm, aufgetreten. Wie auch immer, am wichtigsten für die Verwendung von Ausnahmen als Hinweise auf Lösungen für Trinkprobleme ist, daß diese unproblematischen Zeiten bemerkt und untersucht werden.

Erstaunlicherweise erkennen nur wenige den Wert dieser Zeiten für die Lösung ihrer Probleme. Im Gegenteil, solche Phasen werden oft als Zufälle betrachtet und weder von ProblemtrinkerInnen noch von traditionellen Behandlungsfachleuten ernstgenommen. Nichts könnte der Wahrheit ferner liegen. Aus den Fehlern, die man nicht macht, kann man mindestens genausoviel über die Lösung eines Trinkproblems lernen wie aus den Fehlern, die man macht. Aus diesem Grunde ist es nun wichtig, daß Sie sich Zeit nehmen, um diejenigen Zeiten, in denen Sie kein Problem hatten — wie kurz diese auch waren und unter welchen äußeren Umständen diese auch immer standen — herauszusuchen, zu überdenken, zu beschreiben und zu analysieren. Die folgenden Anleitungen werden Sie bei dem Prozeß der Entdeckung und Nutzung Ihrer Ausnahmen unterstützen.

Der Start Ihrer Suche nach Ausnahmen

Zeichnen Sie auf der Linie unten den Punkt ein, der anzeigt, zu wieviel Prozent der Zeit Trinken ein Problem für Sie *ist:*

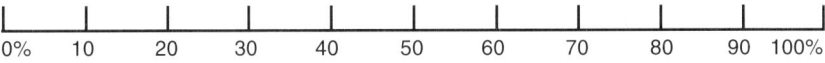

| 0% | 10 | 20 | 30 | 40 | 50 | 60 | 70 | 80 | 90 | 100% |

Jetzt ziehen Sie den Prozentsatz der Zeit, bei dem Trinken ein Problem darstellt, von 100 ab. Das Ergebnis sind Ihre Ausnahmezeiten. Mit anderen Worten, das sind die Zeiten, in denen Sie es irgendwie schaffen, mit Alkohol kein Problem zu haben. Wenn Sie z.B. eingetragen haben, daß Alkohol für Sie in 70% der Zeit ein Problem ist, heißt das nach Abzug von 100%, daß Sie in 30% der Zeit erfolgreich mit Ihrem Trinken klarkommen. Wenn Sie eingetragen haben, daß das Trinken für Sie in 100% der Zeit ein Problem ist, wäre es gut, wenn Sie diese Antwort vielleicht noch einmal überdenken würden, bevor Sie weiterlesen. Nur wenige Menschen haben immer Probleme mit Alkohol und noch weniger Menschen trinken ununterbrochen. Die meisten erleben *hin und wieder* Zeiten, in denen Sie entweder gar nicht oder doch normaler trinken als sonst. Die Gründe, warum Sie nicht getrunken haben, sind hier gleichgültig, auch wenn sie Ihnen im Moment vielleicht nicht akzeptabel erscheinen (z.B. daß Sie kein Geld mehr hatten, im Gefängnis saßen, sich in einem stationären Entzug oder einer stationären Therapie befanden, Ihre PartnerIn gedroht hat, Sie zu verlassen, oder Ihr Chef Sie darauf aufmerksam gemacht hat, daß Ihre Anstellung gefährdet ist).

Die Muster Ihrer Ausnahmezeiten erkennen und verstärken

Nehmen Sie sich die Zeit, eingehend die äußeren Umstände derjenigen Zeiten zu beschreiben, in denen Sie kein Problem hatten. Berücksichtigen Sie dabei an dieser Stelle alles, was Ihnen einfällt. Dies ist nicht der Zeitpunkt, um besonders kritisch zu sein oder die Antworten besonders auszufeilen. Je mehr Informationen Sie hervorbringen, umso besser. Jede zusätzliche Information erhöht die Chancen, daß Sie in Zukunft in der Lage sein werden, solche Zeiten willentlich zu wiederholen. Versichern Sie sich deshalb, daß Sie Informationen über die Situationen, Zeiten, Menschen und Orte vor, während und nach den Ausnahmezeiten berücksichtigt haben. Vielleicht hilft es Ihnen, sich vorzustellen, Sie hätten ein Video von sich selbst während einer Ausnahmezeit und könnten mit dessen Hilfe die folgenden was-, wo-, wer-, wann- und wie-Fragen beantworten:

● **Was ...**

... ist in den Zeiten, in denen Sie kein Trinkproblem haben, anders als sonst?

... machen Sie in diesen Zeiten, in denen Sie eine Ausnahme erleben, anders als sonst?

... würden andere sagen, was Sie in den Zeiten, in denen Sie es schaffen, kein Problem mit dem Alkohol zu haben, anders machen als sonst?

... passiert kurz vor und kurz nach diesen Zeiten? Wie beeinflussen diese Ereignisse das Auftreten einer Ausnahme?

... würden andere sagen, was geschieht, kurz bevor und kurz nachdem Sie eine Ausnahme erleben?

... für Gedanken, Gefühle und Verhaltensweisen treten unmittelbar vor und während einer Ausnahmezeit auf? Wie hängen diese mit dem Auftreten einer Ausnahme zusammen?

... tun Sie in der Zeit, in der Sie eine Ausnahme erleben, nicht? Inwiefern könnte dies das Auftreten der Veränderung verursachen? Was tun Sie stattdessen?

- **Wo ...**

... befinden Sie sich, wenn es am wahrscheinlichsten ist, daß Sie eine Ausnahme erleben? Wie hängt dieser Aufenthaltsort damit zusammen, daß Sie nicht in problematischer Weise trinken?

... befinden Sie sich kurz vor und nach diesen Ausnahmezeiten? Inwiefern könnte dies deren Auftreten beeinflussen?

... haben Sie sich nicht befunden, vor, nach oder während dieser Zeiten? Inwiefern könnte das deren Auftreten beeinflussen?

- **Wer ...**

... ist bei Ihnen, wenn Sie eine Ausnahme erleben?

... ist nicht in der Nähe, wenn Sie eine Ausnahme erleben? Inwiefern verursacht es das Auftreten der Ausnahme, daß diese Menschen da oder nicht da sind?

- **Wann ...**

... ist es am wahrscheinlichsten, daß Sie eine Ausnahme erleben? Zu welcher Tageszeit, an welchem Wochentag, in welcher Woche im Monat ist das?

- **Wie ...**

... kommen diese Ausnahmezeiten zustande?

... tragen andere dazu bei, daß diese Ausnahmezeiten zustandekommen? Was genau tun diese anderen, was das Auftreten einer Ausnahmezeit fördert?

... können Sie diese Ausnahmen häufiger geschehen lassen?

Wenn Sie immer noch keine Hinweise haben

Verzweifeln Sie nicht! Wie wir oben schon gesagt haben, ist es schwierig, etwas zu bemerken, was *nicht* geschieht. Wenn Sie vergeblich versucht haben, sich an solche Zeiten zu erinnern, werden Ihnen vielleicht die folgenden Fragen bei der Entdeckung immer noch verborgener Ausnahmen weiterhelfen. Und auch wenn Sie in der glücklichen Lage waren, sich an Ausnahmen von Ihrem Problem erinnern zu können, werden Ihnen diese Fragen wahrscheinlich dabei helfen, Ihren Antworten noch weitere Einzelheiten hinzuzufügen. Die Fragen funktionieren so, daß sie Ihre Aufmerksamkeit auf Erfolge lenken, die Sie wahrscheinlich erlebt, aber genauso wahrscheinlich wieder vergessen haben. Sie werden am meisten von diesen Fragen profitieren, wenn Sie sich zunächst einmal ein paar Minuten Zeit nehmen und über die Zeiten nachdenken, in denen Sie ein Alkoholproblem hätten haben können, hätten eigentlich haben müssen, beinahe gehabt hätten oder sogar schon langsam bekommen haben, in denen es Ihnen aber irgendwie gelungen ist, dieses Problem zu überwinden, zu vermeiden oder damit in einer für Sie zufriedenstellenden Weise umzugehen. Nachdem Sie über diese Zeiten nachgedacht haben, stellen Sie sich selbst nun diese Fragen:

● Wie haben Sie es geschafft, dem Drang bzw. der Versuchung zu widerstehen, sich bis in den problematischen Bereich zu trinken? Was haben Sie zu dieser Zeit konkret *getan*, um den Drang zum Trinken zu überwinden? Was würden andere sagen, was Sie getan haben?

● Was genau haben Sie das letzte Mal getan, als Sie meinten, Sie hätten eigentlich einen Schluck verdient, sich aber dagegen entschieden haben?

● Was haben Sie in der Vergangenheit getan, um sich von Situationen fernzuhalten, in denen die Versuchung, exzessiv zu trinken, vielleicht Ihren Entschluß, nüchtern zu bleiben, gefährdet hätte?

● Wie ist es Ihnen in der Vergangenheit gelungen, damit aufzuhören, so zu trinken, daß es ein Problem wird? Was haben Sie konkret getan, was Ihnen schließlich geholfen hat, aufzuhören? Was würden andere sagen, was Sie getan haben?

● Wie sind Sie wieder auf die Beine gekommen, als Sie bei Ihren Bemühungen, Ihr Trinkproblem zu lösen, das letzte Mal einen Rückschlag erlitten haben?

● Was war anders als sonst, als es Ihnen zum letzten Mal erfolgreich gelungen ist, das Trinken auf einem für Sie und Ihre Lieben akzeptablen Niveau zu halten? Wie haben Sie das geschafft? Was würden die anderen sagen, was Sie getan haben, um damit Erfolg zu haben?

Hinweis 3:
Suche nach Änderungen vor der Behandlung

Die ForscherInnen Michele WEINER-DAVIS, Steve DE SHAZER und Walllace GINGERICH (1987) entschlossen sich eines Tages, etwas zu untersuchen, was sie in der Arbeit mit ihren KlientInnen schon oft beobachtet, aber nie ganz verstanden hatten. Um die Wahrheit zu sagen, es kam ihnen etwas verdächtig vor. Viele ihrer KlientInnen kamen zu ihrem ersten Therapiegespräch und berichteten, daß sich in ihrem Leben schon Entscheidendes verändert hatte, seit sie die Termine für die Therapie ausgemacht hatten. Manche dieser KlientInnen hatten sich derartig verändert, daß sie sich fragten, ob sie überhaupt noch eine Behandlung nötig hätten. Vor dem Hintergrund ihrer traditionellen Ausbildung neigten die ForscherInnen dazu, solchen Veränderungen zu mißtrauen. In ihrer Ausbildung war ihnen beigebracht worden, jegliche Berichte über Veränderungen vor der Behandlung einer ganzen Reihe negativer Eigenschaften zuzuschreiben, die als charakteristische Merkmale der ProblemtrinkerIn galten (z.B. Widerstand, Verleugnung). Zumindest war ihnen beigebracht worden, die Bedeutung derartiger Veränderungen geringzuschätzen. Die Untersuchung veränderte ihre Sichtweise allerdings sehr bald.

Die ForscherInnen wollten diese KlientInnen systematisch untersuchen und entschlossen sich daher, ihre KlientInnen zu fragen, ob sie zwischen dem Zeitpunkt der Terminabsprache für die Therapie und dem ersten Therapiegespräch irgendwelche positiven Veränderungen erlebt hätten. Volle zwei Drittel (66 Prozent) dieser KlientInnen berichteten, daß sie Veränderungen erlebt hatten, während sie auf ihr erstes Gespräch warteten. Noch überraschender war allerdings, daß die Mehrzahl dieser KlientInnen diese Veränderungen vor der Behandlung wichtig für die Lösung der Probleme fand, für die sie Hilfe suchten. Mit anderen Worten, die Forschung zeigte, daß es nicht nur *nicht* ungewöhnlich war, daß bereits vor der Behandlung Veränderungen auftraten, sondern daß diese auch noch ein *wichtiger Bestandteil der Lösung* des Problems der KlientIn waren.

Es ist eine radikale Vorstellung, daß sich ein Mensch mit einem Alkoholproblem von alleine schon vor einer oder ganz ohne eine formale Behandlung verändern kann. Sie sollten sich deshalb bewußt sein, daß wahrscheinlich nur die wenigsten professionellen AlkoholberaterInnen den Wert und die Bedeutung solcher Veränderungen für die Lösung von Alkoholproblemen anerkennen werden, auch wenn vermutlich die Mehrheit der ProblemtrinkerInnen solche Veränderungen vor der Behandlung erlebt. Sie müssen nicht nur damit rechnen, keine Bestätigung und Verstärkung zu bekommen, wenn Sie von solchen Veränderungen berichten, Ihre Worte können im Gegenteil auch als Zeichen für Widerstand oder Verleugnung ausgelegt werden. Unter Umständen werden Sie deswegen direkt konfrontiert und bestraft. Diese Situation liegt vermutlich in dem Krankheitsmodell begründet, das unter anderem behauptet, bei ProblemtrinkerInnen könne es ohne formale Behandlung keine Fortschritte geben (JOHNSON, 1986).

Der Bereich der Alkoholbehandlung beginnt erst seit kurzem, sich vom traditionellen Denken zu lösen. Allerdings hat die Zeit schon ausgereicht, um eine systematische Untersuchung der ProblemtrinkerInnen zu beginnen, denen es gelingt, Alkoholprobleme ohne formale Behandlung zu überwinden. Vorläufige Ergebnisse weisen nachdrücklich darauf hin, daß es handfeste und beständige Merkmale gibt, die bestimmte Personen in die Lage versetzen, Alkoholprobleme ohne Behandlung durch Fachleute oder Laien zu überwinden (SHAFFEr & JONES, 1989). Wir hoffen, daß dies die Alkoholbehandlung in Zukunft beeinflussen wird, wenn wir mehr darüber erfahren, wie diese Menschen ihre Erfolge erzielen. In der Zwischenzeit kann jede einzelne ProblemtrinkerIn — können Sie — davon profitieren, sämtliche Veränderungen, die Sie vor Beginn einer formalen Behandlung erlebt haben, genau zu untersuchen und diese veränderungsträchtigen Strategien in Ihren persönlichen Gesundungsplan einzubauen.

Wenn Sie an Ihrem Problem irgendwelche Veränderungen bemerkt haben, bevor Sie begonnen haben, dieses Buch zu lesen, oder wenn Sie aktiv nach Lösungen gesucht haben, dann haben Sie vielleicht schon damit begonnen, Ihr Problem zu lösen. Allerdings ist es hier genauso wie mit den anderen Hinweisen: solche Veränderungen müssen bemerkt und gefördert werden, sollen sie sich positiv auf Ihr Problem auswirken. Nehmen Sie sich daher ein paar Minuten Zeit, um die folgende Frage zu beantworten, bevor Sie weiterlesen: „Häufig bemerken Menschen in der Zeit zwischen der Entscheidung, sich wegen eines bestimmten Problems Hilfe zu holen, und den ersten wirklichen Schritten zur Lösung dieses Problems, daß sich ihre Situation bereits verbessert oder verändert hat. Was haben Sie an ihrer Situation bemerkt?" (WEINER-DAVIS, DE SHAZER, GINGERICH, 1987)

Geben Sie nicht gleich auf, wenn Ihnen aus Ihrem eigenen Leben nicht sofort Beispiele für Veränderungen vor der Behandlung einfallen. Wie Sie gesehen haben, konnte sich ein ganzes Drittel der KlientInnen des Forschungsprojektes an keine konkreten Beispiele für Änderungen vor der Behandlung erinnern, als Ihnen die Frage zu Beginn des Gespräches gestellt wurde. Sie können aber Mut aus der Beobachtung schöpfen, daß die KlientInnen, denen keine positiven Veränderungen einfielen, als sie zu Beginn des Gespräches gefragt wurden, sich am Ende durchaus an solche erinnern konnten. Was wir damit sagen wollen, ist, daß Sie sich wirklich Zeit nehmen sollten, um über die letzten paar Wochen nachzudenken und dabei nach Zeiten zu suchen, in denen Sie positive Veränderungen erlebt haben.

***

Allen Prognosen zum Trotz

Begleitet von ihren Eltern kam die 17jährige Annette zur Behandlung. Ihrer Mutter zufolge war Annette „ein Problem, seit sie auf der Welt war." Sie sei schon als Baby schwierig gewesen und schien ständig krank zu sein. Sie habe überall Ärger gemacht und gehorche nie. Als ihr jüngerer Bruder geboren wurde, schienen sich die Probleme noch zu verschärfen. Als Teenager war Annette mehrmals wegen kleinerer Vergehen wie Ladendiebstahl, Überschreitung der Ausgehzeiten und zuletzt wegen unerlaubten Trinkens als Minderjährige verhaftet worden. Als wir Annette zum ersten Mal sahen, war sie gerade von der Schule geflogen, weil sie dort Alkohol konsumiert hatte. Es sah alles danach aus, daß Annette immer wieder `rausfliegen und schließlich auf einer Sonderschule landen würde, wenn sich ihr Verhalten nicht änderte. Nachdem wir uns angehört hatten, warum die Familie zur Therapie gekommen war, fragten wir, ob es irgendwelche Veränderungen vor Beginn der Behandlung gegeben hätte.

Ther.: Gut, lassen Sie mich Ihnen allen eine Frage stellen.

Familie: *(nickt zustimmend)*

Ther.: Wann haben Sie den Termin hier ausgemacht?

Mutter: Moment, das muß letzten Mittwoch gewesen sein.

Ther.: OK, also ungefähr vor einer Woche?

Mutter: Ja.

Ther.: Seit Sie am letzten Mittwoch diesen Termin hier bei uns abgemacht haben, was haben Sie bemerkt, was sich seitdem verbessert hat?

Familie: *(sieht sich gegenseitig an)*

Vater: Na ja, es gab keine Kämpfe. Meine Frau hat mich nicht auf der Arbeit angerufen. Ich mußte nicht von der Arbeit nach Hause kommen, um Annette unter Kontrolle zu bekommen.

Ther.: Hmm. Es gab also keine Kämpfe?

Vater: Nein. Ehrlich gesagt *(blickt seine Frau an)*, ich habe in den letzten Tagen nicht gehört, daß sich meine Frau über Annette beschwert hätte.

Annette: *(fängt an zu lächeln)*

Ther.: *(zur Mutter)* Stimmt das?

Mutter: Ja, das stimmt. Wir haben die meiste Zeit darüber geredet, was wir mit ihr machen sollen *(zeigt auf Annette)*, aber ich habe nichts bemerkt, na ja, sie hat nicht ... sie hat sich, jetzt, wo ich darüber nachdenke, in diesen letzten Tagen *anders* verhalten. Und ich warte darauf, daß der Vulkan ausbricht.

***

Dieser kurze Gesprächsauszug zeigt, wie es der Familie möglich war, Veränderungen in Annettes Verhalten zu bemerken, die begonnen hatten, *bevor die offizielle Behandlung überhaupt angefangen hatte.* Wie bereits erwähnt, sind Veränderungen vor der Behandlung ein häufiger und wichtiger Schlüssel zur Lösung der Probleme, die KlientInnen in Behandlung bringen. Veränderungen vor der Behandlung zu bemerken, ist allerdings nur der erste Schritt zur Lösung von Problemen mit Hilfe von Schlüssel Nr. 3. Wenn wir das Gespräch an dieser Stelle beendet hätten, hätte es wirklich nicht lange gedauert, bis „der Vulkan" ausgebrochen wäre, wie sich Annettes Mutter ausdrückte.

Arbeiten Sie Ihr Muster von Änderungen vor der Behandlung heraus

Genau wie bei den beiden vorhergehenden Schlüsseln müssen Sie auch hier Informationen über die Ursache der Veränderungen sammeln, damit Sie in der Lage sind, diese in Zukunft willentlich zu wiederholen. Dazu nehmen wir uns noch einmal die was-, wo-, wer-, wann- und wie-Fragen vor. Nehmen Sie sich, bevor Sie weiterlesen, die Zeit, um mit Hilfe der folgenden Fragen Ihre Erfahrungen mit Änderungen vor der Behandlung zu analysieren:

● **Was ...**

... haben Sie bemerkt, was Sie anders gemacht haben, als Sie die Veränderung erlebt haben?

... haben andere Sie tun sehen, als Sie die Veränderung erlebt haben? Was genau haben diese anderen Sie tun sehen, was ihnen gezeigt hat, daß sich bei Ihnen etwas verändert hat?

... ist kurz vor und kurz nach der Veränderung bei Ihnen passiert? Was noch? Wie hat dies das Auftreten der Veränderung vor Beginn der Behandlung beeinflußt?

... würden andere sagen (oder haben andere gesagt), was kurz vor und kurz nachdem Sie die Veränderung erlebt haben, passiert ist? Was noch? Wie hat dies das Auftreten der Veränderungen vor der Behandlung beeinflußt?

... haben Sie getan, um das Auftreten dieser Veränderungen zu bewirken?

... haben Sie zu dem Zeitpunkt, als Sie die Veränderung erlebt haben, nicht getan, was deren Auftreten vielleicht verursacht hat? Was haben Sie stattdessen getan? Wie hat dies deren Auftreten beeinflußt?

... müßten Sie sich (oder andere Sie) wieder tun sehen, um sich (oder diese anderen) davon zu überzeugen, daß dies eine wirkliche Änderung ist und nicht nur ein Zufall?

- **Wo ...**

  ... waren Sie, als die Veränderung eintrat? Wie hat das deren Auftreten beeinflußt?

  ... waren Sie kurz vor und kurz nach dem Auftreten der Veränderung? Wie hat dies deren Auftreten beeinflußt?

  ... waren Sie nicht vor, während oder nach dem Auftreten dieser Veränderung? Wie hat dies deren Auftreten beeinflußt? Wo waren Sie stattdessen?

- **Wer ...**

  ... war in der Nähe, als Sie die Veränderung vor der Behandlung erlebt haben? Wie hat dies deren Auftreten beeinflußt?

  ... war nicht in der Nähe, als Sie die Veränderung vor der Behandlung erlebt haben? Wie hat dies deren Auftreten beeinflußt?

- **Wann ...**

  ... haben Sie die Veränderung vor der Behandlung erlebt? Welche Rolle hat dies bei deren Auftreten gespielt?

- **Wie ...**

  ... haben Sie die Veränderung bewerkstelligt? Was genau haben Sie anders gemacht als sonst, was die Veränderung verursacht hat?

  ... haben andere zu dieser Veränderung beigetragen? Was genau haben diese anderen getan, was das Auftreten der Veränderung beeinflußt hat?

***

Die Prognosen widerlegen

Lassen Sie uns nun zu dem Gespräch mit Annette und ihren Eltern zurückkehren. Wir möchten daran illustrieren, wie diese Fragen verwendet werden können, um das Muster rund um die Änderung vor der Behandlung herauszuarbeiten. Dieser Gesprächsauszug beginnt damit, daß die Therapeutin Annette nach den Veränderungen fragt, von denen ihre Eltern berichten:

Ther.: *(zu Annette)* Stimmt das, was Deine Eltern sagen, daß es in den letzten Tagen bei Euch besser gelaufen ist?

Annette: *(nickt zustimmend)*

Ther.: Und wie kommt das?

Annette: Ich habe einfach nicht ..., ich habe einfach versucht, besser klarzukommen.

Ther.: Das hast du? *Was* hast du denn getan, um besser klarzukommen?

Annette: Ich will nicht in diese andere Schule gehen müssen.

Ther.: Hm hm. Und *was* hast du getan, um deine Chancen zu erhöhen, daß du nicht in diese andere Schule gehen mußt?

Annette: Versucht, besser klarzukommen.

Ther.: Hm hm. Und *was* für Dinge hast du getan, um besser klarzukommen?

Annette: Mich nicht mit meiner Mutter oder meinem Bruder gestritten.

Ther.: *Was* hast du stattdessen getan?

Annette: *(zögert, sieht ihre Mutter an, lacht)* Mir auf die Zunge gebissen.

Mutter: *(lächelnd)* Das habe ich gemerkt.

Ther.: Das haben Sie bemerkt? *Wie* haben Sie bemerkt, daß Annette sich auf die Zunge beißt?

Mutter: Na, sie hat dann immer angefangen, 'was zu sagen, Sie wissen schon, irgendeine freche Bemerkung, und dann hat sie sich selber noch gerade so eingekriegt.

Ther.: *(zu Annette)* Hat deine Mutter da recht, Annette? Daß du angefangen hast, etwas zu sagen, aber dich selber eingekriegt und gestoppt hast?

Annette: *(nickt zustimmend)*

Ther.: *Wie* hast du das gemacht?

***

Die Therapeutin untersuchte die Muster und Ereignisketten rund um die Änderung vor der Behandlung noch etwas länger. Die Untersuchung ergab schließlich ein klares Bild der Ereignisse, die zu der Veränderung, von der Annette und ihre Familie berichteten, geführt hatten und der Ereignisse, die auf diese Veränderung gefolgt waren. Zu diesem Muster gehörten einige Dinge, die Annettes Eltern zwar getan, aber bevor sie danach gefragt wurden, nicht bemerkt hatten. Dieses Muster zu erkennen, half der Familie dabei, die Veränderungen zu wiederholen und führte später schließlich dazu, daß Annette in ihrer ursprünglichen Schule bleiben konnte.

Ob sie von Oz nach Kansas kommen, hängt ... von Ihnen ab!

Wenn Sie sich dieses Kapitel durchgelesen, sich aber dagegen entschieden haben, sich die Zeit zu nehmen, jeden Schlüssel sorgfältig und überlegt auf Ihre eigene Situation anzuwenden, überdenken Sie vielleicht diese Entscheidung noch einmal. Wenn Sie Ihr Problem wirklich lösen wollen – wenn Sie sozusagen wirklich nach Kansas kommen wollen – wird das mehr verlangen, als einfach dieses Buch durchzulesen. Um erfolgreich zu sein, müssen Sie die Ideen und Techniken, die wir hier vorstellen, auch wirklich anwenden. Nur wenige Menschen verändern sich allein durch Lesen. In dieser Hinsicht steckt eine Menge Weisheit in dem alten Witz, wieviele TherapeutInnen man braucht, um eine Glühbirne zu wechseln. Wie Sie vielleicht erinnern werden, lautet die Pointe, daß man nur eine einzige TherapeutIn braucht, um die Glühbirne zu wechseln, *daß aber die Glühbirne wirklich wollen muß*.

Viele Jahre in Forschung und Praxis haben uns gezeigt, daß die Informationen und Strategien dieses Kapitels ProblemtrinkerInnen dabei helfen können, ihre eigenen, ganz persönlichen Gesundungsprogramme zu entwerfen, und mit deren Hilfe schließlich ihre Alkoholprobleme zu besiegen. Der Nutzen, den Sie aus den in diesem Buch beschriebenen Methoden ziehen werden, wird direkt dem Zeitaufwand entsprechen, den Sie darauf verwenden, diese Methoden auf Ihre spezielle Situation anzuwenden. Es gibt einfach keinen Ausweg aus der Tatsache, daß *Sie die Arbeit machen müssen*.

***

Kurz-Übersicht der Wunder-Methode

Drei Hinweise auf die Lösung

1. Suche nach Teilen des Wunders, die jetzt schon geschehen.

2. Lerne aus Fehlern, die Du nicht machst.

3. Suche nach Änderungen vor der Behandlung.

5. Verwirklichen Sie Ihren Traum

Nutzen Sie alle Ihre Schlüssel und Hinweise zur Lösung

Erst der Traum, *dann* die Wirklichkeit.

– Robert ALEXANDER, Living Stage Theater Company

Die beste Art, die Zukunft vorherzusagen, ist, sie zu erschaffen.

– Peter DRUCKER

Just do it!

– Nike-Werbung

Wie viele andere Jungen entwickelte Scott, als er aufwuchs, ein leidenschaftliches Interesse an Zauberei und Taschenspielertricks. Immer, wenn im Fernsehen ein berühmter Zauberer auftrat, fand man Scott, wie er die scheinbar unerklärlichen Kunststücke sorgfältigst unter die Lupe nahm, um herauszufinden, wie der Trick funktionierte. Seine Eltern ließen ihm zunächst seinen Willen, kauften ihm im Spielzeuggeschäft ein paar Zauberkästen und nahmen ihn mit in die Bücherei, um Zauberbücher auszuleihen. Es dauerte allerdings nicht lange, bis Scott alle Bücher der öffentlichen Bibliothek gelesen und studiert hatte, und bis er über die Tricks aus den Kinderzauberkästen, die ihm seine Eltern gekauft hatten, hinausgewachsen war. Noch schlimmer war allerdings, daß keines der Bücher und keiner der Zauberkästen irgendwelche Geheimnisse über die großen Bühnentricks enthielt, die Scott am meisten faszinierten. Doch dann änderte ein zufälliges Ereignis all dies.

Ein bekannter Zauberer trat in einer Stadt unweit von Scotts Heimatort auf. Scott saß bei dieser Show im Publikum, und, wie der Zufall es wollte, er wurde ausgesucht, um dem Zauberer für ein paar Tricks als Assistent zur Seite zu stehen. Leider mußte er konsterniert feststellen, daß ihm die verschiedenen Zaubertricks von seiner günstigen Position auf der Bühne aus genauso unerklärlich blieben wie vom Publikum aus gesehen.

Dann hatte Scott noch einmal Glück. Nach der Show teilte der Zauberer Scott und seinen Eltern mit, daß er nach einem jungen Assistenten suche, der ihm bei der Vorführung zur Hand ginge. Es hatte ihm Spaß gemacht, mit Scott zu arbeiten, und er fragte, ob dieser wohl Lust auf den Job hätte. „Das fragen Sie noch?" muß in den Gesichtern der Eltern gestanden haben. Scott wurde der Assistent des Zauberers. Von diesem zufälligen Zusammentreffen an ging Scott einige Jahre lang bei dem Zauberer in die Lehre, studierte dabei dessen Methoden und assistierte bei den Vorführungen*.

Lassen Sie uns jetzt ans Ende der Geschichte springen. Scott lernte die Geheimnisse kennen, die hinter den meisten Tricks stecken, die Zauberer so vorführen. Ob Sie es glauben oder nicht, es war nur eine handvoll einfacher Geheimnisse und Prinzipien. Außerdem lernte Scott, sehr zu seiner Überraschung, daß *die zwei wichtigsten Geheimnisse der Magie Übung und harte Arbeit waren*. Stunde um Stunde mußte nicht etwa damit verbracht werden, die Geheimnisse der Tricks herauszufinden, sondern damit, deren Präsentation bei der Show zu perfektionieren.

Wie Sie wahrscheinlich schon erraten haben, wurde Scott schließlich doch kein Berufszauberer. Die Erkenntnis, daß die beiden größten Geheimnisse Übung und harte Arbeit waren, ließ die Magie doch einiges von ihrer, nun ja, Magie verlieren. Dennoch lernte Scott aus der Erfahrung mit dem Zauberer etwas sehr Wichtiges für seine Arbeit als Psychologe. Dieselben Prinzipien gelten nämlich auch, wenn Sie versuchen, Ihr Leben positiv zu verändern. Die Zahl der Behandlungsprogramme, Bücher, Anleitungen und Gurus, die Hilfen zur Lösung von Problemen oder zur positiven Veränderung des Lebens anbieten, wächst immer weiter, und dieses Buch bildet da keine Ausnahme. Die Ergebnisse, die diese verschiedenen Menschen und Produkte hervorbringen, scheinen unerklärlich oder sogar zauberhaft zu sein, genau wie die Tricks, die Scott anfangs so faszinierten. Bei näherem Hinsehen reduzieren sie sich alle auf zwei Dinge: Übung und harte Arbeit.

In den vorigen Kapiteln haben wir Sie in eine neue Art des Denkens über Veränderungen eingeführt. Als Sie die Wunderfrage beantwortet haben, haben Sie die Richtung vorgegeben, in die Sie gehen wollen. Dann haben Sie die Zeiten in Ihrem Leben näher untersucht, in denen Sie das Wunder schon einmal ganz oder teilweise erlebt haben. In die-

---

* Ein paar Jahre später bekam Scott heraus, daß sein Vater das „zufällige" Treffen mit dem Zauberer arrangiert hatte. Scotts Vater, ein Schulleiter, hatte den Zauberer bei einer Vorführung an seiner Grundschule getroffen.

sem Kapitel werden wir Ihnen nun beibringen, wie Sie Ihr Wunder wahr machen können, indem Sie alle Schlüssel, Ideen und Hinweise so zusammenfügen, daß sie der von Ihnen erwünschten Lösung entsprechen. Anschließend zeigen wir Ihnen, wie Sie sicherstellen können, daß Ihre Lösung auch weiterhin Realität bleibt. Und seien Sie nicht überrascht, wenn etwas von der Magie, auf die Sie gehofft hatten, unterwegs der Realität dessen Platz macht, wie Ihr Wunder wirklich eintritt. Geben Sie dennoch nicht auf, denn Veränderung braucht vor allem ... na, Sie wissen schon.

Die Lösungs-Gleichungen

Der erste Schritt auf dem Weg, Ihr Wunder Wirklichkeit werden zu lassen, besteht darin, daß Sie sämtliche Ideen, Schlüssel und Hinweise, auf die Sie bis hierhin beim Lesen gestoßen sind, in etwas verwandeln, was wir die Lösungs-Gleichungen nennen. Diese Gleichungen dienen dazu, die Informationen, die Sie bisher herausgearbeitet haben, so miteinander zu kombinieren, daß sie sich zu der von Ihnen gewünschten Lösung zusammenfügen. Wir sind uns der Gefahr bewußt, daß sich einige von Ihnen verabschieden könnten, wenn wir hier anfangen, diese Ideen mathematisch zu fassen. Wir bitten Sie jedoch, sich von der Mathematik nicht abschrecken zu lassen. Unseren Gleichungen liegen nur die einfachsten mathematischen Operationen zugrunde: Addition und Subtraktion. Sie müssen kein Genie sein, um damit klarzukommen.

Jetzt, wo das gesagt ist, können wir uns die Gleichungen genauer ansehen. Es gibt drei grundlegende Lösungsgleichungen, die die drei grundsätzlichen Möglichkeiten abbilden, wie Menschen die Ideen, Schlüssel und Hinweise des lösungsorientierten Denkens nutzen, um ihr Trinkproblem zu lösen. Diese Gleichungen sehen wie folgt aus:

1. W(under) + A(usnahmen) + x = Lösung

2. W(under) + A(usnahmen) + y = Lösung

3. W(under) − A(usnahmen) + z = Lösung

Wie Sie sehen, enthält jede Gleichung drei Variablen. Die ersten beiden Variablen in jeder Gleichung haben Sie bereits herausgearbeitet und gefüllt, denn sämtliche Ideen, Schlüssel und Hinweise, die beim Lesen bisher herausgekommen sind, können einer dieser beiden Kategorien zugeordnet werden. Aus alter Gewohnheit bezeichnen wir alle Hinweise aus dem letzten Kapitel mit dem Begriff *Ausnahmen*. Wie Sie sich erinnern, enthalten diese Hinweise 1) Zeiten, wo bereits Teile des Wunders geschehen sind, 2) Ausnahmezeiten und 3) Veränderungen vor der Behandlung.

Zweifellos haben Sie bemerkt, daß jede Gleichung auch eine Unbekannte enthält. Um die Lösung einer Gleichung zu finden, muß man den Wert der Unbekannten bestimmen. Ob Sie es glauben oder nicht, man kann mithilfe der beiden bereits bekannten Variablen, Ihren Wunder- und Ausnahmezeiten, diese Unbekannte bestimmen und die Gleichung lösen. Wir werden Ihnen zeigen, wie Sie Ihr Wunder und Ihre Ausnahmen nutzen können, um das zu tun. Dazu werden wir jede Gleichung Schritt für Schritt durchgehen und das Vorgehen mit Beispielen von KlientInnen veranschaulichen. Während wir das tun, achten Sie bitte darauf, welche Geschichte und welche Gleichung am besten zu Ihren Erfahrungen paßt. Das ist dann die Gleichung, in die Sie alle Ihre Ideen, Schlüssel und Hinweise einsetzen, um zu Ihrer Lösung zu kommen.

Gleichung 1

1. W(under) + A(usnahmen) + x = Lösung

Solange er denken konnte, war Tony ein echter Problemtrinker gewesen. Zu dem Zeitpunkt, als er zu uns in Behandlung kam, hatte er bereits eine ganze Reihe von Behandlungsprogrammen durchlaufen und wegen seines Alkoholismus sogar einige Zeit im Gefängnis gesessen. In dem Moment, wo ihn seine Frau Stephanie, mit der er elf Jahre lang verheiratet gewesen war, verließ und die dreijährige Tochter der beiden mitnahm, beschloß Tony schließlich, es sei an der Zeit, etwas gegen sein Problem zu unternehmen. Als Antwort auf die Wunderfrage beschrieb Tony sehr detailliert, was für ein Leben er sich wünschte.

Tony: *(unter Tränen)* Ich will einfach noch eine Chance, den beiden zu zeigen, wie sehr ich sie liebe.

Ther.:   Und das heißt, nach diesem Wunder, Tony, was würden Sie da tun, um Stephanie und Ihrer Tochter zu zeigen, wie sehr Sie sie lieben?

Tony: Ich würde sie unterstützen, verstehen Sie, finanziell, indem ich mir einen Job besorgen und dann auch dabeibleiben würde.

Ther.:   Hm hmm. Was noch?

104

Tony: Ich würde auch etwas für Stephanie tun, wissen Sie, weil sie diejenige ist, die die ganze Zeit gearbeitet hat.

Ther.: Was für Dinge würden Sie für sie tun?

Tony: Ich würde solche Dinge tun, wie das Abendessen kochen, das Haus putzen, mich mehr um Remy *[die Tochter]* kümmern. Sachen, die sie von mir immer wieder verlangt hat, seit ich zuhause war.

Ther.: Würde sie das merken, wenn Sie diese Dinge täten?

Tony: Oh ja, das würde sie merken. Sie hat mir das die ganze Zeit schon gesagt, aber ich habe nie darauf gehört. ich habe immer nur „ja, ja, ja" gesagt und dann doch gemacht, was ich wollte. *(unter Tränen)* Jetzt hat sie mich verlassen.

Tony sprach mit der TherapeutIn noch weiter darüber, wie sich sein Leben nach dem Wunder ändern würde. Außer den bereits erwähnten Veränderungen sprach er davon, mehr „wertvolle Zeit" mit seiner Tochter zu verbringen, neue Freunde kennenzulernen und, was am wichtigsten war, den Alkohol aufzugeben.

Während wir jeden dieser Bereiche eingehend und sehr genau untersuchten, berichtete Tony spontan, daß er in den letzten acht Tagen vor dem Therapiegespräch überhaupt keinen Alkohol konsumiert hatte. In dem Bewußtsein, daß derartige Veränderungen vor der Behandlung sich bei der Suche nach Lösungen für Tonys Problem als sehr wertvoll erweisen könnten, haben wir die Gelegenheit ergriffen und untersucht, wie er es in dieser Zeit geschafft hatte, dem Alkohol fernzubleiben.

Nach einigen anfänglichen Schwierigkeiten konnte Tony benennen, was er für diesen Erfolg getan hatte. Er war z.B. einen anderen Weg von der Arbeit nach Hause gefahren und hatte einen großen Bogen um seine Stammkneipen gemacht. Er hatte keine Anrufe von seinen Saufkumpanen mehr entgegengenommen. Er hatte seine Zeit damit verbracht, einige Arbeiten am Haus zuendezubringen und in der öffentlichen Bücherei in Kunstbänden und anderen interessanten Büchern zu schmökern. Schließlich hatte er etwas erstellt, was er sein „Zielpapier" nannte. In diesem vermerkte er alles, was er in Zukunft erreichen wollte. Als er danach gefragt wurde, war Tony sogar in der Lage zu beschreiben, wie er über mehrere Zeiten in der Woche hinweggekommen war, in denen die Versuchung zu trinken fast übermächtig wurde.

Tonys Geschichte ist ein hervorragendes Beispiel dafür, wie man mithilfe der ersten Gleichung die Unbekannte x bestimmen kann, so daß sich alle Bestandteile der Veränderung zu einer Lösung zusammenfügen. Lassen Sie uns nun gemeinsam Tonys Gleichung lösen. Die erste Variable in der Gleichung ist das Wunder. Tony füllte diese Variable in der Sitzung, als er die Wunderfrage beantwortete. Die zweite Variable sind die Ausnahmen. Sie erinnern sich daran, daß wir uns mit dem Begriff *Ausnahme* auf alle drei Hinweise aus dem letzten Kapitel beziehen (also auf Ausnahmen, Situationen oder Zeiten, wo Teile des Wunders geschehen und auf Änderungen vor Beginn der Behandlung). Tony setzte für die zweite Variable den achttägigen Zeitraum ein, in dem er Teile dessen erlebt hatte, was er wollte. Zusätzlich war er in der Lage, seine eigenen *absichtlichen Handlungen* zu beschreiben, mit denen er die Ausnahmen bewirkt hatte. Erinnern Sie sich an die konkreten Schritte, die Tony für seinen Erfolg unternommen hatte?

Ob Sie es glauben oder nicht, das ist alles an Informationen, was wir benötigen, um die Gleichung nach der unbekannten Variable x aufzulösen. Denken Sie einmal eine Minute darüber nach. Wenn Sie 1) wissen, was Sie wollen, 2) Zeiträume beschreiben können, in denen das geschehen ist und 3) wissen, was Sie getan haben oder jetzt gerade tun, um dies geschehen zu lassen, dann ist das Einzige, was zu tun bleibt, um die Gleichung zu lösen, schlicht und einfach mehr davon zu tun! Die vollständige Gleichung lautet also:

W(under)

A(usnahmen)

+ Mache (mehr von dem, was funktioniert)

= Lösung

Wie Sie sehen, besteht die fehlende Variable in dieser ersten Lösungs-Gleichung darin, daß *Sie* mehr von dem machen, was funktioniert. Das ist auch genau das, was wir Tony am Ende der ersten Sitzung rieten.

In der darauffolgenden Woche kam Tony wieder und berichtete, daß er mit dem weitergemacht habe, was bei ihm während der ersten acht Tage funktioniert hatte. Als er später in der Sitzung über diese Strategie nachdachte, sagte er: „Ich habe mich bemüht, die Dinge, die ich will, im Auge zu behalten und sie auch umzusetzen, anstatt nur zuhause zu hocken,

Trübsal zu blasen und nachzudenken." Dann fügte er voller Einsicht hinzu: *„Weil, wenn ich an diese Dinge denke und sie auch tue, dann, glaube ich, wird sich das auch auf mich auswirken ...* , verstehen Sie, genau wie wenn ich an das Trinken denke und das tue, dann wird sich das auch auf mich auswirken."

Tony kam insgesamt sechsmal zu uns und berichtete jedesmal, wie er weiterhin an das dachte, was bei ihm funktionierte, und dieses dann auch tat. Außerdem bemerkte er, daß die Veränderungen, die er erlebte, weil er mehr von dem tat, was funktionierte, langsam auch auf andere Lebensbereiche übergriffen. Während wir dieses Buch schreiben, hat sich Tony an einer Technikerschule eingeschrieben, und er lebt wieder mit seiner Frau und seiner Tochter zusammen.

Gleichung 2

2. W(under) + A(usnahmen) + y = Lösung

Martin wurde von seinem Arbeitgeber vor die Wahl gestellt, entweder eine Therapie zu machen oder gekündigt zu werden. Auf unsere Frage gab Martin freimütig zu, daß er trank, bestritt aber, ein ernsthaftes Alkoholproblem zu haben. Er erzählte uns, sein Trinkverhalten „gerate einfach immer `mal wieder außer Kontrolle." Das hatte dann zur Folge, daß er zu spät zur Arbeit kam, anrief und sich krank meldete oder einfach wegblieb. Er fügte hinzu, daß auch sein Privatleben darunter litt, wenn ihm die Kontrolle über den Alkohol aus den Fingern glitt.

Auf die Wunderfrage antwortete Martin, daß sein Arbeitgeber nach dem Wunder aufhören würde, sich Sorgen um ihn zu machen und daß er es schaffen würde, seinen Arbeitsplatz zu behalten. Die Arbeit, mit der er seinen Lebensunterhalt verdiente, machte ihm Spaß, aber er war sich darüber im klaren, daß er seine Arbeitsleistungen würde verbessern müssen, um den Job zu behalten. Und dazu mußte er es irgendwie schaffen, trocken zu bleiben. Wir begannen dann schnell, die Zeiten zu untersuchen, wo in Martins Leben bereits Teile des von ihm beschriebenen Wunders geschahen, und die Zeiten, wo er es irgendwie geschafft hatte, nüchtern zu bleiben.

Wie nicht anders zu erwarten, gab es für beides eine ganze Reihe von Beispielen. Im Gegensatz zu Tony konnte Martin aber noch nicht einmal ungefähr beschreiben, wie er bei diesen Gelegenheiten seine Erfolge zustande brachte. Es sah für ihn so aus, als würden die Teile des Wunders und die Ausnahmen zufällig geschehen, als befänden sie sich nicht unter seiner Kontrolle. Und auch als er bis zum äußersten zu einer Erklärung darüber gedrängt wurde, was denn an Tagen, an denen er keinen Alkohol trank, anders war, konnte er lediglich antworten, daß er sich dann „einfach nicht danach fühle", daß er eben „einfach `mal nicht mit dem linken Bein aufgestanden sei" oder etwas ähnlich Unkonkretes. Martin konnte sich auf seine gelegentlich auftretenden Erfolge keinen Reim machen. Mit anderen Worten, er fand keinen Grund dafür und kein Muster darin.

Ther.: Martin, was ist in den Zeiten, wo Sie nicht trinken, anders?

Martin: Da bin ich mir nicht sicher.

Ther.: Wie erklären Sie sich, daß Sie Ihr Trinken manchmal erfolgreich kontrollieren können?

Martin: *(denkt nach)* Hmm. Ich weiß es wirklich nicht. Manchmal scheint es einfach so, als hätte ich keine Lust darauf. Verstehen Sie, ich stehe auf und gehe zur Arbeit. Der Gedanke kommt mir erst gar nicht.

Ther.: Und wie lange schaffen Sie das dann, so zu bleiben?

Martin: Na ja, Tage, Wochen. Früher habe ich manchmal monatelang nicht daran gedacht.

Ther.: Wie schaffen Sie das?

Marin: Ich wollte, ich wüßte das. Mir scheint es so, als würde mir der Gedanke daran einfach nicht in den Kopf kommen.

Ther.: Irgendetwas, was Sie in diesen Zeiten anders machen, von dem Sie denken, es könnte zu Ihrem Erfolg beitragen?

Martin: Ehrlich gesagt, das scheint einfach so zu passieren.

Das Gespräch ging in dieser Weise noch eine Weile weiter. Martin konnte einfach nichts finden, was in den Zeiten, wo er Erfolg hatte, anders war. An einer Stelle sagte er sogar, daß er nicht vorhersagen könne, wann die Erfolge eintreten würden, weil diese genauso zufällig geschahen, wie „wenn man eine Münze wirft."

Was kann man in solchen Fällen tun? Es wäre natürlich absurd, wollte man Martin raten, einfach mehr von dem zu tun, was funktioniert, weil er ja überhaupt nicht beschreiben konnte, mit welchen bewußten Handlungen er seine erfolgreichen Phasen hervorgebracht hatte. Was konnte Martin also tun, um seine Gleichung zu lösen? Wie sieht die unbekannte Variable aus, wenn Ausnahmen eher zufällig als absichtlich auftreten?

Ob Sie es glauben oder nicht, es liegen uns wieder einmal ausreichend viele Informationen vor, um die Gleichung nach der Unbekannten aufzulösen. Lassen Sie uns die Gleichung gemeinsam lösen, und lassen Sie uns mit den Variablen beginnen, die wir bereits kennen. Die erste Variable in der Gleichung ist das Wunder. In unserem Gespräch füllte Martin diese Variable mit seiner Antwort auf die Wunderfrage. Die zweite Variable in der Gleichung sind die Ausnahmen. Diese Variable bestimmte Martin, indem er Zeiten benannte und beschrieb, in denen er bereits Teile dessen, was er wollte, erlebt hatte. Erinnern Sie sich aber daran, daß Martin nicht beschreiben konnte, welche gezielten Schritte er unternommen hatte, um die Ausnahmen zu bewirken. Die Ausnahmen schienen vielmehr zufällig aufzutreten.

Nehmen Sie sich einen Moment Zeit, um über die Gleichung nachzudenken. Wenn Sie 1) wissen, was Sie wollen und 2) Zeiten beschreiben können, in denen das, was Sie wollen, geschehen ist, aber 3) diese Zeiten zufällig aufzutreten scheinen, dann bleibt als einziges, um die Gleichung zu lösen, daß Sie etwas tun, was die erfolgreichen Phasen weniger zufällig auftreten läßt — mit anderen Worten, etwas, was sie planmäßiger auftreten läßt. Was könnte das sein? Martin hat bereits auf zwei Ideen hingewiesen, von denen unsere KlientInnen meinen, daß sie ihnen helfen, Ausnahmen gezielter hervorzubringen. Diesen beiden fügen wir eine dritte hinzu.

Die Zukunft vorhersagen

Die erste Idee besteht in dem Versuch, vorherzusagen, ob und wann eine Ausnahme auftreten wird. Die produktivste Möglichkeit dafür ist die folgende: Sagen Sie jeden Abend, bevor Sie zu Bett gehen, vorher, wie der nächste Tag werden wird. Wird er eher wie ein Wundertag sein, ein Tag, an dem Sie einen Teil oder alles von dem erleben, was Sie wollen? Oder wird es nur ein ganz normaler Tag, an dem alles läuft wie gewöhnlich? Schreiben Sie Ihre Vorhersage auf ein Blatt Papier, und bewahren Sie dieses an einem sicheren Ort auf.

Holen Sie das Blatt am nächsten Abend wieder hervor und gucken Sie, ob Sie mit Ihrer Vorhersage richtig oder falsch lagen. Und, und das ist das Wichtigste, schreiben Sie sich dazu, warum Sie entweder richtig oder falsch lagen. Je genauer Sie dabei sind, desto mehr Informationen werden Sie dabei erhalten. Und je mehr Informationen Sie über das Auftreten von Ausnahmen erhalten, desto wahrscheinlicher werden Sie auf ein paar gezielte Handlungsweisen stoßen, die Sie ausführen können, um diese Ausnahmen in Zukunft absichtlich geschehen zu lassen. In dieser Hinsicht gibt es ein paar Fragen, die Ihnen vielleicht bei der Analyse Ihrer Vorhersagen helfen werden:

- Was genau haben Sie zu diesem Ergebnis beigetragen, wie es auch immer aussah?

- Was würden andere sagen, was Sie zu diesem Ergebnis beigetragen haben, wie es auch immer aussah?

- Was haben andere zu diesem Ergebnis beigetragen?

- Inwiefern wird sich Ihre Vorhersage für morgen verändern, wenn Sie diese Informationen mit in Betracht ziehen?

- Was ist Ihre Vorhersage für morgen?

Die Zukunft in die Hand des Schicksals legen

Lassen Sie uns nun einen Blick auf die zweite von Martins Ideen werfen. Sie erinnern sich daran, daß er seine erfolgreichen Zeiten so erlebte, als ob diese völlig zufällig aufträten, im Grunde „wie wenn man eine Münze wirft." Aus bislang noch unbekannten Gründen finden manche Menschen, daß sie mehr Kontrolle über die erwünschten Verhaltensweisen bekommen, wenn sie die Kontrolle darüber zunächst einmal ganz dem Zufall überlassen. Aus diesem Grunde empfehlen wir manchmal etwas, was wir die Münzaufgabe nennen.

Die Münzaufgabe ist einfach und eignet sich besonders gut als erster Schritt, wenn man lernen will, wie man Kontrolle über zufällig auftretende Ausnahmezeiten gewinnt. Sie besteht darin, daß man eine Münze wirft und, je nachdem, ob Kopf oder Zahl fällt, sich in einer vorher festgelegten Weise verhält. Wir haben herausgefunden, daß die Aufgabe am hilfreichsten ist, wenn man Sie morgens ausführt, bevor man seinen Tag beginnt. Sie können die Aufgabe selbst durchführen, indem Sie jeden Morgen, bevor Sie aufstehen, eine Münze werfen. Wenn dabei Kopf fällt, dann ist vorherbestimmt, daß Sie den ganzen Tag lang *so sehr und so vollständig wie möglich so tun, als ob Sie einen Wundertag erleben würden*, mit anderen Worten, als ob Sie einen Tag erleben würden, der dem Bild, das Sie in Kapitel 3 gezeichnet haben, sehr nahe kommt. Dabei lassen Sie völlig außer acht, wie sich der Tag wirklich entwickelt und was andere an diesem Tag vielleicht denken oder tun mögen. Ganz im Gegenteil empfehlen wir Ihnen, daß Sie den anderen nichts von dem mitteilen, was Sie tun. Achten Sie stattdessen einfach darauf, was sich an den anderen verändert, und was Sie glauben, welche Veränderungen die anderen vielleicht an Ihnen bemerken, während Sie so tun, als wäre das Wunder geschehen.

Wenn aber Zahl fällt, dann ist vorherbestimmt, daß Sie den ganzen Tag lang nichts anderes als einen ganz normalen Tag erleben, ungeachtet dessen, wie sich der Tag entwickelt, und wie die anderen sich verhalten. Achten Sie auch hier einfach nur darauf, was Sie an den anderen bemerken, während Sie so tun, als hätten Sie einen ganz normalen Tag.

Die Lösungs-Lotterie

Eine letzte Aufgabe, die manche unserer KlientInnen nützlich finden, wenn sie ihre zufälligen Ausnahmen wahrscheinlicher machen wollen, ist das, was wir die Lösungs-Lotterie nennen. Diese Aufgabe bringt für das Auftreten von Ausnahmezeiten hochwirksame Prinzipien der Verhaltenspsychologie zum Tragen. Und sie macht Spaß. Sie können diese hochwirksamen Prinzipien — und den Spaß — für sich arbeiten lassen, indem Sie die folgenden drei Schritte ausführen. Erstens, erstellen Sie eine Liste mit Aktivitäten und Dingen, die Ihnen Spaß machen, und, was am wichtigsten ist, die Sie als Belohnung empfinden. Diese Dinge können z.B. sein, daß Sie einen Spaziergang machen, eine Runde Golf spielen, mit einer FreundIn telefonieren, sich ein neues Buch oder Kleidungsstück kaufen oder eine Stunde länger schlafen.

Die Aktivitäten auf Ihrer Liste sollten weder großer Vorbereitungen bedürfen, noch eine Menge Geld kosten. Jede Aktivität kann als Belohnung betrachtet werden, *wenn* Sie gewillt sind, vorher andere, weniger angenehme oder weniger erwünschte Dinge zu tun, um die gewünschte Aktivität zu einem späteren Zeitpunkt erleben zu können. Je länger Ihre Liste wird, umso besser.

Besorgen Sie sich als zweites eine kleine Papiertüte oder einen kleinen Behälter, z.B. eine kleine Pappschachtel und ein Blatt Papier. Reißen Sie das Papier in fünf Streifen. Schreiben Sie auf jeden der fünf Streifen einen der folgenden Sätze: „keine Belohnung", „Belohnung sofort", „Belohnung in vier Stunden", „Belohnung in zwölf Stunden", „Belohnung in 24 Stunden". Drittens und letztens, legen Sie die fünf Streifen in die Tüte oder Schachtel und mischen Sie sie durch. Jetzt können Sie mit der Lösungs-Lotterie beginnen.

Beginnen Sie die Lotterie nun, indem Sie verstärkt nach dem Auftreten von Ausnahmen Ausschau halten. Immer wenn Sie eine Ausnahme bemerken, egal, ob es sich dabei um ein Teil des Wunders oder um eine Zeit handelt, wo das Problem nicht auftritt, holen Sie Ihre Liste hervor, und suchen sich eine Belohnung aus. Greifen Sie dann in die Tüte mit den Papierstreifen, ziehen Sie einen davon und folgen Sie den Anweisungen. Wenn z.B. auf dem Streifen steht „keine Belohnung", dann führen Sie die Aktivität, die Sie sich ausgesucht haben, nicht durch. Wenn der Papierstreifen andererseits aber die Instruktion enthält, sich sofort zu belohnen, dann führen Sie die erwünschte Aktivität ohne Verzögerung durch. Wenn der Papierstreifen sagt, „Belohnung in zwölf Stunden", belohnen Sie sich zwölf Stunden nach dem Auftreten der Ausnahme.

Bitte achten Sie darauf, daß Sie sich, wenn das Los Ihre Belohnung um einen bestimmten Zeitraum nach hinten verlegt, auch genau zum angegebenen Zeitpunkt belohnen, egal, was zu diesem Zeitpunkt gerade geschieht und was sich seit dem Auftreten der Ausnahme ereignet hat. Belohnen Sie sich auf jeden Fall. Vielleicht werden Sie auch versucht sein, sich die verzögerte Belohnung ganz vorzuenthalten, wenn Sie sich zwischen dem Auftreten der Ausnahme und dem Zeitpunkt für die Belohnung nicht so verhalten haben, wie Sie sich das gewünscht hätten. Belohnen Sie sich auf jeden Fall trotzdem. Sie sollten sich auch dann belohnen, wenn Sie sich nicht so fühlen, als hätten Sie eine Belohnung verdient.

Ein abschließendes Wort zur Lösungs-Lotterie. Wenn Sie in eine Situation geraten, in der die Belohnung zum vorgesehenen Zeitpunkt unangebracht oder unmöglich wäre, oder aber die Dinge nur verschlimmern würde (z.B. wenn Sie den Arbeitsplatz verlassen oder mitten in der Nacht aufstehen müßten), dann haben Sie die Wahl. Sie können dann entweder nochmals Ihre Belohnungsliste durchgehen und etwas auswählen, was Sie zur vorgesehenen Zeit tun können, oder Sie können sich zum nächstmöglichen Zeitpunkt belohnen. Der Zweck der Lotterie besteht *nicht* darin, Ihre Probleme zu verschlimmern, sondern darin, gewohnte Verhaltensmuster zu unterbrechen, damit neue Muster entstehen können. Seien Sie also vernünftig. Wenn es aus irgendeinem Grunde nicht möglich ist, daß Sie sich zum vorgesehenen Zeitpunkt belohnen, dann wählen Sie entweder eine andere Belohnung oder belohnen sich später.

Zusammenfassend läßt sich sagen, daß die Idee hinter allen drei Vorschlägen dieselbe ist: Tun Sie etwas, was das zufällige Auftreten des Wunders, der Ausnahmen oder der Änderungen vor Beginn der Behandlung wahrscheinlicher macht. Das ist alles. Ganz einfach. Die vollständige zweite Gleichung lautet:

W(under)

A(usnahmen)

+ Mache (etwas, das zufällige Ausnahmen
wahrscheinlicher macht)

= Lösung

Übrigens, erinnern Sie sich an Martin? Am Ende der ersten Sitzung bei uns schlugen wir ihm die Münzaufgabe vor. Zu unserer großen Überraschung berichtete er, als er zur zweiten Sitzung kam, er habe eine „sehr frustrierende Woche" erlebt. Allen Gesetzen der Wahrscheinlichkeit zum Trotz hatte Martin es fertigbekommen, nach der ersten Sitzung *jeden Tag* Zahl zu werfen. Dadurch, daß er gezwungen war, einen ganz normalen Tag zu haben, erkannte er allerdings, wie er selber zum Auftreten problematischer Phasen in seinem Leben beitrug. In den folgenden Sitzungen hatte Martin mehr Glück, und er erlebte eine gleichmäßigere Verteilung von Kopf und Zahl. Mit der Zeit lernte er Schritt für Schritt, wie er Ausnahmezeiten gezielter und regelmäßiger hervorbringen konnte. Außerdem entdeckte er, daß diese Zeiten auch von anderen, insbesondere von seinem Arbeitgeber, bemerkt und angemessen belohnt wurden. Bei unserem letzten Kontakt arbeitete Martin immer noch beim selben Arbeitgeber.

Gleichung 3

3. W(under) − A(usnahmen) + z = Lösung

Michelle wuchs in einer in jeder Hinsicht „dysfunktionalen Familie" auf. Ihre Eltern waren beide ProblemtrinkerInnen gewesen. Michelle erinnerte sich, daß ihr Vater beinahe täglich trank, und daß er, sobald er betrunken war, oft ausfallend wurde und sowohl seine Frau als auch seine kleinen Kinder anschrie und mißhandelte. Michelles Mutter dagegen versuchte, der Familie ihren Alkoholkonsum zu verheimlichen. Anders als ihr Mann verbrachte sie ihre Tage meistens eingeschlossen im Schlafzimmer, zurückgezogen, depressiv und für Michelle und ihre Geschwister unerreichbar.

Genau wie ihre beiden Geschwister entwickelte schließlich auch Michelle ein eigenes Trinkproblem. Anfangs trank sie, um Gefühle der Traurigkeit und der Depression zu überdecken, die sie ihrer Familie und ihrem Zuhause gegenüber hatte. Später entdeckte sie, daß der Alkohol noch andere Vorzüge für sie hatte. Zum Beispiel schien ihr das Trinken dabei zu helfen, ausgeprägte Gefühle von Schüchternheit und Unzulänglichkeit zu überwinden, die sie insbesondere in Beziehungen zu Männern erlebte. Wie sie uns berichtete, half ihr schon eine kleine Menge, sich weniger gehemmt und eher in der Lage zu fühlen, sich mit anderen auszutauschen. Sie erkannte aber auch, daß ihr Trinken auch eine schlechte Seite hatte. So hatte sie in betrunkenem Zustand Dinge getan, die sie nüchtern nie riskiert hätte, sie hatte z.B. ungeschützten Sex mit einem Fremden gehabt. Noch wichtiger aber war die Erkenntnis, daß ihr Trinken ihr zwar geholfen hatte, die meisten ihrer Beziehungen zu beginnen, daß es in der Regel aber auch für deren Scheitern verantwortlich war.

Das Trinken war nicht das einzige Problem, mit dem Michelle sich herumschlug. Bevor sie zu uns kam, war sie bei einer anderen Beraterin gewesen, die ihr gesagt hatte, sie habe eine Eßstörung. Sie erzählte uns, daß sie auch mit ihrer Vergangenheit noch nicht fertig war, insbesondere mit ihren Beziehungen zu ihrer Mutter, ihrem Vater und ihren Geschwistern, zu denen sie in den letzten Jahren keinen Kontakt mehr gehabt hatte. Das letzte Mal, als sie ihre Geschwister gesehen hatte, kämpften beide mit dem Alkohol.

An einer Stelle in der Sitzung sagte sie: „Das sind so viele Probleme, daß ich gar nicht weiß, wo ich anfangen soll." Wir ergriffen die Gelegenheit und baten Michelle, sich vorzustellen, daß ein Wunder geschehen sei, und die Probleme, die sie zu uns geführt hatten, gelöst seien. Sie antwortete, daß sie sich, als sie aufwuchs, oftmals genau so ein Ereignis vorgestellt und Phantasien dazu entwickelt hatte. Vielleicht lag es daran, daß Michelle die Wunderfrage bemerkenswert genau beantworten konnte.

Ther.: Michelle, lassen Sie mich Ihnen eine etwas ungewöhnliche Frage stellen.

Michelle: OK.

Ther.: Sie brauchen dazu ein bißchen Phantasie. Also, die Frage geht so: Stellen Sie sich vor, Sie gehen heute abend nach Hause, gehen zu Bett und schlafen ein. Und während Sie schlafen, geschieht ein Wunder, und das Wunder ist, daß diese Probleme, die Sie heute hierher gebracht haben, gelöst sind. Einfach so! Aber weil Sie geschlafen haben, wissen Sie nicht, daß dieses Wunder geschehen ist. Wenn Sie am nächsten Morgen aufwachen, was wären die ersten Anzeichen, die Sie bemerken würden, die Ihnen zeigen würden, daß ein Wunder geschehen ist?

Michelle: Komisch, daß Sie mir diese Frage stellen.

Ther.: Hmm. Warum das?

Michelle: Na ja, weil, ich hatte ja eine wirklich, *wirklich* üble Kindheit, ich habe immer ziemlich viel Zeit alleine in meinem Zimmer verbracht und mir gewünscht, es würde ein Wunder geschehen. Es geschah nie.

Ther.: Hmm. Stellen Sie sich vor, es würde jetzt eines geschehen, Michelle. Stellen Sie sich vor, Ihr Wunsch würde endlich in Erfüllung gehen und das Wunder würde jetzt geschehen. Was in Ihrem Leben wäre morgen anders, und was würde Ihnen zeigen, daß das Wunder geschehen ist?

Michelle: Na ja, ich glaube, das erste, was ich bemerken würde, wenn das Wunder geschehen wäre, wäre, daß sich mein Äußeres verändern würde.

Ther.: OK.

Michelle: Ich würde für mich sorgen. Ich würde wieder anfangen, schöne Kleider zu tragen. Mich gut anziehen. Mein Haar und meine Fingernägel machen. Vernünftig essen.

Ther.: Hm hm.

Michelle: Im Moment esse ich einfach alles, wonach mir gerade ist, aber nach dem Wunder würde ich darauf achten, was ich esse. Ich würde mir nicht mehr andauernd in diesen ganzen Fast-Food-Restaurants den Bauch vollschlagen.

Ther.: Sie würden also besser für sich sorgen?

Michelle: Hm hm, und dadurch würde ich mich in meiner Haut wohler fühlen. Weil, im Moment habe ich ein wirklich, *wirklich* mieses Selbstbewußtsein.

Ther.: Kein Wunder.

Michelle: Genau. Und ich wäre ein positiverer Mensch. Lassen Sie mich das so ausdrücken: Ich würde nicht mehr so sehr an mir zweifeln. Ich würde einfach 'reingehen und machen, was ich machen muß, sei das nun bei der Arbeit oder mit meiner Familie.

Ther.: Was noch?

Michelle: Ich würde niemanden mehr auf mir 'rumtrampeln lassen.

Ther.: Was würden Sie stattdessen tun?

Michelle: Ich würde denen einfach sagen, daß sie das nicht mehr mit mir machen können. Nicht, daß ich das gemein sagen würde, aber ich würde einfach nicht mehr zulassen, daß sich andere auf meine Kosten bedienen.

Ther.: Hm hm.

Michelle: Ich schätze, dann würde mehr von meinem wahren Ich herauskommen.

Ther.: Erzählen Sie mir mehr darüber. Woher würden Sie wissen, daß mehr von Ihrem wahren Ich herauskommt?

Michelle: Ich bin in Wirklichkeit ein freundlicher Mensch, das weiß bloß keiner.

Ther.: Und nach dem Wunder?

Michelle: Ich würde losgehen und Leute treffen, mit den Leuten auf der Arbeit reden, verstehen Sie, ab und zu mal ausgehen.

Michelle beschrieb ihr Wunder noch einige Minuten länger, und schließlich tauchten in ihrer Beschreibung auch Aussagen darüber auf, wie sich ihr Alkoholkonsum nach dem Wunder verändern würde. Für Michelle bestand das Wunder darin, daß sie anschließend vollständig abstinent sein würde. Sie glaubte, daß ihr die Erinnerungen an das Trinken ihrer Eltern und die Probleme, die der Alkohol in ihrem eigenen Leben verursacht hatte, keine andere Wahl ließen. Mit Schlüssel 4 halfen wir Michelle dabei, genauer zu bestimmen, was sie tun würde, anstatt zu trinken.

Auf die Frage nach Zeiten, zu denen bereits Teile des Wunders geschehen waren, hatte sie allerdings keine Antwort. Es gab für sie schlichtweg keine Zeiten in ihrem Leben, in denen irgendwelche Teile des Wunders geschehen waren. Sie konnte sich mit Ausnahme ihrer Kindheit und frühen Jugendzeit auch nicht an Zeiten erinnern, in denen die Dinge, die sie in die Therapie geführt hatten, für sie unproblematisch gewesen wären. Wir stimmten ihr zu, daß diese Zeiten zu weit zurück lägen, um bei der Suche nach Lösungen für ihre Probleme von irgendeinem Wert zu sein. Als wir Michelle fragten, ob sie irgendwelche positiven Veränderungen in ihrem Leben bemerkt hatte, seit sie den Termin für die Therapie mit uns abgemacht hatte, schüttelte sie langsam den Kopf von links nach rechts. Dann gestand sie mit gesenktem Kopf, daß sie sogar ein paar Schlucke aus der Flasche in ihrem Auto getrunken hatte, bevor sie in unsere Praxis gekommen war.

Leider war uns Michelles Geschichte keineswegs neu. Im Gegenteil, so ähnliche Geschichten hatten wir schon oft gehört. Die gute Nachricht war natürlich, daß Michelle Hilfe bekam. Immer mehr Menschen wie Michelle kommen inzwischen in Behandlungseinrichtungen. Dies mag daran liegen, daß mehr Informationen über die nachteiligen Auswirkungen des Problemtrinkens auf Kinder und Familien verfügbar sind. Menschen, die in einer solchen Umgebung aufgewachsen sind, können sich allerdings oft noch nicht einmal an kurze Augenblicke in ihrem Leben erinnern, in denen die Probleme, die sie zu verändern hoffen, nicht da waren. Es gibt einfach keine Teile des Wunders. Es gibt keine Ausnahmen. Es gibt keine Veränderungen vor der Behandlung. Kurz gesagt, der Mensch hat das, was er sich wünscht, noch nie am eigenen Leib erfahren — oder er kann sich zumindest nicht an solche Erfahrungen erinnern.

Was kann man also in so einem Fall tun, wo man vielleicht weiß, was man will, dieses aber nie selbst erlebt hat, oder sich an solche Erfahrungen nicht erinnern kann, weder an Teile des Wunders, noch an Ausnahmen oder Änderungen vor der Behandlung? Was kann man tun, um die Gleichung zu lösen? Lassen Sie uns noch einmal darüber nachdenken.

Zwei Dinge sind sicher: 1) Sie wissen, was Sie wollen, und 2) Sie haben das noch nie zuvor erlebt. Was bleibt? Natürlich losgehen und irgendwie die Erfahrung machen!

Sie werden vielleicht fragen, wie man denn, bitteschön, einfach losgehen und diese Erfahrung machen kann, von der wir sprechen? Die Antwort: *Indem Sie so tun als ob.* Mit anderen Worten, die Unbekannte in der dritten und letzten Lösungs-Gleichung ist, daß Sie sich so verhalten, als ob das Wunder, das Sie suchen, bereits geschehen wäre, oder als ob es gerade anfinge, sich in ihrem Leben zu entfalten. Wir sagen unseren KlientInnen dann z.B., sie sollten sich ein paar Tage in der Woche nach der ersten Sitzung heraussuchen, an denen sie so tun, als wäre das Wunder bereits geschehen. Dabei sollen sie beobachten, was sich bei ihnen selbst und bei anderen verändert. Die dritte und letzte Lösungsgleichung lautet also:

W(under)

A(usnahmen)

+ Tue so, als ob (das Wunder geschehen ist)

= Lösung

Dies ist genau das, was wir Michelle am Ende der ersten Therapiesitzung sagten: Sie solle so tun, als ob das Wunder geschehen wäre.

Nicht überzeugt? Lassen Sie uns einen Blick darauf werfen, wie viele von uns im täglichen Leben Dinge vortäuschen, und lassen Sie uns damit illustrieren, wie nützlich es sein kann, *so zu tun als ob.* Denken Sie einmal kurz an Ihren allerersten Arbeitstag zurück. Vielleicht kamen Sie gerade frisch von der Schule oder von der Uni, hatten keinerlei Erfahrung. Richtig? Nun, was haben Sie getan? Gefragt, ob Sie wieder zurück zur Schule gehen dürften, um sich noch besser ausbilden zu lassen? Um weniger Verantwortung gebeten? Ihrer ChefIn und Ihren KollegInnen erzählt, daß Sie keine Ahnung hatten und daß sie ihre Erwartungen an Sie dementsprechend herabsetzen sollten? Wahrscheinlich nicht. Wenn Sie sich so verhalten haben, wie die meisten Menschen, haben Sie wahrscheinlich nichts dergleichen getan. Sie haben vielmehr vom ersten Bewerbungsgespräch an bis zu ihren ersten Arbeitstagen und -wochen so getan, als wüßten Sie genau, was Sie tun. Mit der Zeit konnten Sie das Vortäuschen allmählich in echte Erfahrung, Kenntnisse und Fertigkeiten verwandeln.

Die Anonymen Alkoholiker haben einen Ausdruck für diese Idee: „Fake it until you make it!" (Tue so als ob, bis du es kannst!) Die meisten Menschen meinen, sie bräuchten mehr Informationen, bevor sie beginnen könnten, ihr Leben zu verändern. Sie suchen nach ExpertInnen, besuchen Workshops und Seminare oder lesen das neueste Selbsthilfebuch. All diese Strategien sind natürlich nicht grundsätzlich falsch. Allerdings müssen Sie am Ende immer noch selbst losgehen und es ausprobieren. Anders ausgedrückt, am Ende müssen Sie immer noch so tun, als wüßten Sie, was Sie tun. Sie müssen also nicht wirklich noch mehr darüber lernen, was Sie tun sollen. Stattdessen müssen Sie mehr von dem tun, was Sie tun wollen.

Bei Michelle war es so, daß sie richtig zu lachen anfing, als wir ihr diese Aufgabe gaben. „Ich weiß da schon ein paar Dinge, die ich machen werde", sagte sie uns. Als sie in der nächsten Woche wiederkam, überraschte sie uns damit, daß sie Kontakt zu ihren Geschwistern aufgenommen hatte. Sie hatte ihnen mitgeteilt, daß sie sich ihr Leben nicht mehr länger von ihren Eltern kaputt machen lassen würde. Ihre Eltern hätten ihr schon ihre Kindheit gestohlen, erklärte sie ihren Geschwistern, und sie würde ihnen nicht gestatten, mit ihren Problemen auch noch ihre Zukunft in Mitleidenschaft zu ziehen. Kurz gesagt, sie brachte ihr Leben in Ordnung. Wenn ihre Geschwister Hilfe bräuchten, so sagte sie ihnen, könnten sie sich auf sie verlassen. „Und war das alles nur vorgetäuscht von Ihnen?" fragten wir sie. Sie zögerte einen Moment und antwortete dann: „In dem Moment kam mir das nicht so vor, als würde ich nur so tun. Nein, das war bestimmt nicht vorgetäuscht. Ich habe das so gemeint."

Sie informierte uns dann darüber, daß die beiden Tage, die sie ausgewählt hatte, um so zu tun, als sei das Wunder geschehen, solange sie zurückdenken konnte, die ersten beiden Tage waren, an denen sie nichts getrunken hatte. Man sah den Unterschied in ihrem Gesicht. Sie hatte einen klaren Blick und zeigte ein breites Lächeln. Ihre Erfahrung gab ihr nun Kraft und bildete die Grundlage für Veränderungen in anderen Problembereichen ihres Lebens.

So einfach geht das?

Das ist genau die Frage, die uns kürzlich einer unserer Klienten stellte. Der Mann, ein chronischer Problemtrinker, der außerdem als schizophren diagnostiziert war, meinte, er hätte jetzt genug und er wolle jetzt endlich sein Leben ändern. Er war Mitte 40 und schon oft wegen seiner psychischen und seiner Alkoholprobleme in Behandlung gewesen. Er erzählte uns, daß er z.b. eine ganze Reihe von stationären Alkoholbehandlungen mitgemacht, diverse Medikationen erhalten und sogar einige Monate in einem heimartigen Behandlungszentrum verbracht hatte. „Keine dieser Behandlungen war erfolgreich", sagte er mit trauriger Stimme. „Am Ende fange ich immer wieder an zu trinken. Und die Stimmen kommen immer wieder."

Die Therapeutin sah die Möglichkeit, die Phasen zu untersuchen, in denen der Mann Erfolge gehabt hatte, und ergriff die Gelegenheit, ihn zu bitten, von den Zeiten zu erzählen, wo er trocken war und nicht von den Stimmen und den anderen Problemen, unter denen Menschen mit Schizophrenie leiden, belastet wurde. Die nächste Stunde verbrachten die Therapeutin und der Mann damit, über die vielen Zeiten zu sprechen, in denen der Mann das Leben erlebt hatte, das er sich jetzt wünschte. Als die Sitzung zuende ging, wurde der Klient plötzlich ganz still und nachdenklich. Dann fragte er die Therapeutin mit einem überraschten Unterton: „So einfach geht das?"

Die Antwort auf die Frage des Klienten war und ist, davon sind wir überzeugt, ein eindeutiges „Ja!" Die Lösung ist oft so einfach. Finden Sie heraus, was funktioniert, und tun Sie mehr davon. Wie wir aber bereits in Kapitel 3 erklärt haben, ist einfach nicht dasselbe wie leicht. Die Ideen, die wir hier vorstellen, sind wirklich einfach. In Wirklichkeit verwandeln aber erst harte Arbeit und Übung diese relativ einfachen Ideen in bleibende Lösungen. Wenden wir uns also nun dem Thema zu, wie man die Formel für eine bleibende Lösung findet.

Finden Sie *Ihre* Veränderungsformel

Am Anfang dieses Kapitels haben wir Ihnen die Lösungs-Gleichungen vorgestellt. Die drei Gleichungen, die wir Ihnen dabei präsentiert haben, sollten Ihnen helfen, die ersten Schritte zu machen, die Ihr Wunder Wirklichkeit werden lassen. Um sicherzustellen, daß das Wunder auch von Dauer ist, ist es allerdings notwendig, daß Sie solange mit den Gleichungen experimentieren, bis Sie Ihre eigene, individuelle Veränderungsformel gefunden haben. Genau an dieser Stelle beginnt die eigentliche Arbeit. Wir möchten Sie warnen, daß es wahrscheinlich nicht ausreichen wird, einfach das Folgende zu lesen, um eine bleibende Veränderung sicherzustellen. Wenn Sie es noch nicht getan haben, ist es jetzt an der Zeit, die Ideen, die Sie gelesen haben, in die Praxis umzusetzen.

An dieser Stelle besitzen Sie alle notwendigen Informationen, um Ihr Wunder zu verwirklichen. Wir schlagen vor, daß Sie anfangen, indem Sie sich die Gleichung (oder Gleichungen) herausgreifen, die Ihre Erfahrungen am besten beschreibt, und daß Sie diese mindestens eine Woche lang auf Ihre Situation anwenden. Die verschiedenen Gleichungen können Sie sich immer wieder dadurch ins Gedächtnis zurückholen, daß Sie sich die Kurz-Übersicht der Wunder-Methode am Ende dieses Kapitels oder die entsprechenden Karten im Anhang ansehen. Bitte zögern Sie nicht, die Gleichungen so zu verändern, daß sie für Sie passend sind. Wie wir bereits erwähnt haben, stellen diese drei Gleichungen die grundlegenden, aber nicht die einzigen Möglichkeiten dar, wie Menschen die verschiedenen Schlüssel, Hinweise und Informationen dieses Buches miteinander kombinieren.

Wenn Sie nun eine oder mehrere Gleichungen auf Ihre Situation anwenden, achten Sie genauestens auf alles, was an Veränderungen auftritt. Halten Sie insbesondere Ausschau nach Zeiten, in denen Teile des Wunders geschehen oder in denen Ihr Problem nicht auftritt. In diesen frühen Phasen müssen Sie wirklich sehr genau hinsehen, um diese Veränderungen zu bemerken. Beginnende Veränderungen sind meistens klein und werden oft gar nicht bemerkt oder aber als unbedeutend abgetan. Dies ist bedauerlich, da solche Veränderungen oft der Anfang einer Lösung sind, die wachsen und zu einer andauernden therapeutischen Veränderung werden kann.

Schmetterlinge, Schneebälle und Kreise im Wasser

Der Ausdruck „Schmetterlingseffekt" stammt von dem Meteorologen Edward LORENZ. Er beschrieb damit seine Beobachtung, daß extrem kleine Veränderungen in einem Wettersystem dramatische Veränderungen in anderen Wettersystemen auslösen können. LORENZ fand z.B. heraus, daß so kleine und unbedeutende Veränderungen wie der Flügelschlag eines Schmetterlings in Südamerika so große und dramatische Veränderungen wie einen Hurrikan im Golf von Mexiko auslösen können (LORENZ, 1963).

Im Bereich menschlichen Verhaltens wurde in ähnlicher Weise beobachtet, wie kleine Veränderungen weitaus größere nach sich ziehen können. Die ForscherInnen H. SPIEGEL und L. LINN fanden heraus, daß mit kleinen Verhaltensveränderungen oftmals eine komplexe Reihe von

Wechselwirkungen beginnt, die schließlich zu einschneidenden Veränderungen im gesamten Verhalten führt (SPIEGEL & LINN, 1969). Sie nannten ihre Entdeckung den „ripple effect" und spielten damit auf die Kreise an, die sich bilden, wenn man einen Stein ins Wasser wirft. Andere ExpertInnen im Bereich menschlichen Verhaltens haben Veränderungen als „das Antippen des ersten Dominosteins" oder das „Bergabrollen eines Schneeballs" beschrieben (ROSSI, 1973).

In allen Fallbeispielen dieses Kapitels haben kleine, durch die Verwendung der Lösungs-Gleichungen angeregte Veränderungen schließlich größere Veränderungen nach sich gezogen. Ob man das nun als Schmetterlingseffekt, als Kreise ziehen, als Domino- oder als Schneeballeffekt bezeichnet – eine kleine Veränderung kann weitreichende Folgen haben. Wegen der Wichtigkeit dieser Veränderungen ist es hilfreich, sie alle festzuhalten. Eine gute Möglichkeit, die Veränderungen und Unterschiede, die Sie suchen, und die Sie während der Woche bemerken, nachzuverfolgen, ist das Erstellen einer Lösungskurve.

Die Lösungskurve

Die Lösungskurve besitzt eine waagerechte und eine senkrechte Achse. Mit einem Stift, einem Lineal und einem Blatt Papier können Sie Ihre eigene Lösungskurve zeichnen. Manche Leute bevorzugen dazu kariertes Papier, aber das ist nicht unbedingt notwendig. Ein weißes Blatt Papier reicht aus.

Zeichnen Sie nun zuerst die waagerechte Achse ein. Das ist die Linie, die am unteren Rand des Blattes von links nach rechts verläuft. Markieren Sie auf dieser Achse die Wochentage und fangen Sie dabei mit dem Tag an, an dem Sie zum ersten Mal die Lösungs-Gleichungen anwenden. Wenn Sie z.B. montags anfangen, sollte die waagerechte Achse Ihrer Lösungskurve so aussehen:

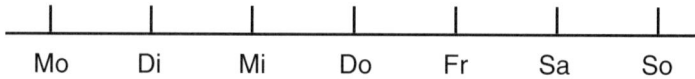

| Mo | Di | Mi | Do | Fr | Sa | So |

Zeichnen Sie nun als nächstes die senkrechte Achse. Das ist die Linie, die am linken Rand des Blattes von oben nach unten verläuft. Lassen Sie die senkrechte Achse ganz links auf der waagerechten Achse beginnen und ziehen Sie sie senkrecht nach oben. Markieren Sie auf dieser Achse die Zahlen 1 bis 10. Zum Beispiel:

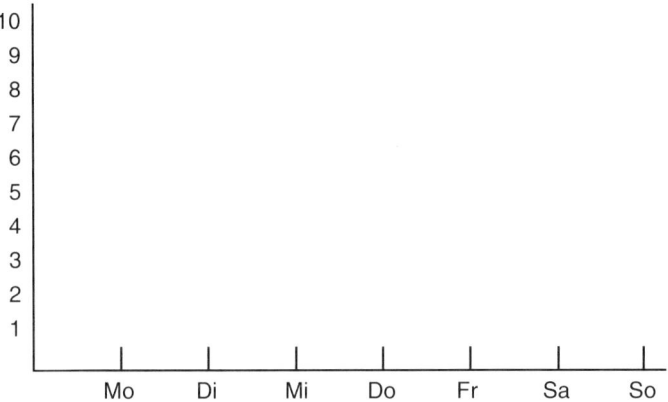

Voilà! Damit ist Ihre eigene Lösungskurve fertig. Mit ihr können Sie nun Ihre Veränderungsbeobachtungen während der Woche nachverfolgen.

Sie benutzen die Kurve folgendermaßen. Stellen Sie sich am Ende jeden Tages die folgende Frage: Auf einer Skala von 1 bis 10, auf der 10 bedeutet, daß das Wunder geschehen ist, und 1 bedeutet, daß Sie in der schlimmsten Situation stecken, in der Sie jemals waren, wo auf dieser Skala zwischen 1 und 10 war für Sie der heutige Tag? Nachdem Sie entschieden haben, wo auf der Skala der jeweilige Tag lag, tragen Sie als nächstes diesen Wert in die Kurve ein. Dafür suchen Sie einfach den Punkt, in dem sich der jeweilige Tag und die Zahl, die Sie dem Tag gegeben haben, kreuzen. Wenn Sie z.B. den ersten Tag, an dem Sie die Lösungskurve benutzen, mit 3 bewertet haben, dann machen Sie über dem ersten Tag auf Höhe der Zahl 3 einen Punkt:

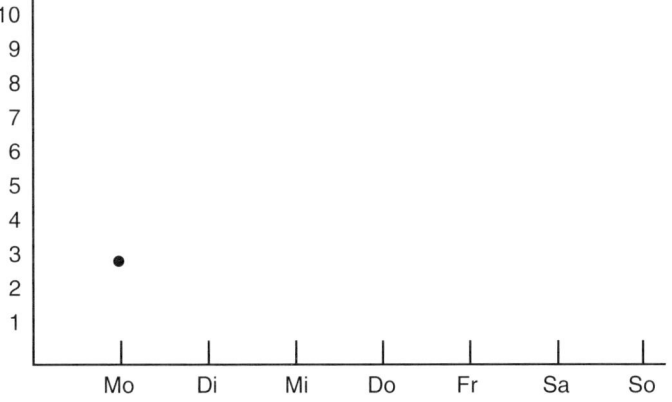

Damit ist Ihre Arbeit allerdings noch nicht getan. Es reicht nicht aus, einfach nur den Tageswert in die Kurve einzutragen. Sie müssen sich auch etwas Zeit nehmen, um darüber nachzudenken, was das Besondere an diesem Tag war, das zu Ihrer Bewertung geführt hat. Wenn Sie über den Tag nachdenken, werden Ihnen vielleicht die folgenden Fragen helfen, Ihre Gedanken zu sortieren. Zögern Sie bitte nicht, Ihre Bewertung noch einmal zu verändern, wenn Sie über diese Fragen nachgedacht haben:

● Was war heute besser als sonst? Wenigstens ein kleines bißchen? Was noch?

● Was würden andere (Ihre PartnerIn, Ihre ArbeitgeberIn, Ihre Kinder, Ihre FreundInnen) sagen, was besser war? Wenigstens ein kleines bißchen?

● Inwiefern war der Tag heute besser als sonst?

● Was haben Sie dazu beigetragen, daß der Tag so geworden ist, wie Sie ihn bewertet haben?

● Was würden andere (Ihre PartnerIn, Ihre ArbeitgeberIn, Ihre Kinder, Ihre FreundInnen) sagen, was Sie dafür getan oder nicht getan haben, daß der Tag so geworden ist, wie Sie ihn bewertet haben?

● Was haben Sie heute gelernt, wovon Sie in Zukunft mehr tun müssen? Wovon weniger?

Bewerten Sie im Verlauf der Woche jeden Tag und tragen Sie Ihre Bewertungen in die Kurve ein. Lassen Sie sich dabei auf keinen Fall einlullen, so daß Sie auf das Eintragen verzichten, wenn jeder Tag einfach gut zu laufen scheint. *Es reicht nicht aus, einfach gute Tage zu haben!* Sie müssen wissen, wie diese guten Tage zustandekommen, damit Sie sie auch in Zukunft erleben können und damit Sie wissen, was Sie tun können, wenn es einmal weniger gut läuft. Nehmen Sie sich deshalb jeden Tag Zeit zum Bewerten und Nachdenken. Vielleicht hilft es Ihnen am Anfang, wenn Sie Ihre Gedanken aufschreiben.

***

Moving on up*

Nehmen wir zum Beispiel einmal Dennis. Dennis war Mitarbeiter eines angesehenen Wirtschaftsprüfers. Er fing an zu trinken, um mit dem Streß bei der Arbeit fertigzuwerden. In der ersten Behandlungssitzung antwor-

---

* **Anm. d. Übers.:** amerikanischer Popsong, wörtlich: „sich aufwärts bewegen"

tete er auf die Wunderfrage, daß er andere Wege finden würde, um mit dem Streß bei der Arbeit fertigzuwerden, daß er wieder mehr Zeit mit seiner Frau und seinem kleinen Baby verbringen würde, und daß er neue Freunde kennenlernen und Aktivitäten beginnen würde, die nichts mit seiner Arbeit zu tun hätten. Als er zur zweiten Sitzung wiederkam, fragte ihn der Therapeut zunächst danach, was sich seit dem ersten Besuch verbessert hatte.

Ther.: Gut, Dennis, *was* hat sich seit dem letzten Mal verbessert?

Dennis: Nun, ich würde 'mal sagen, daß die letzte Woche sehr viel besser gelaufen ist.

Ther.: Das ist ja toll!

Dennis: Ja, es geht mir auch viel besser.

Ther.: Dann lassen Sie mich 'mal fragen, auf einer Skala von 1 bis 10, wobei bei 10 alles so gut läuft, wie man es sich nur vorstellen kann und 1 für die schlimmste Situation steht — was würden Sie sagen, wo der heutige Tag lag?

Dennis: Ich würde sagen, 4.

Ther.: Eine 4?

Dennis: Ja, ungefähr 4.

Ther.: Und, lassen Sie uns 'mal sehen, letztes Mal, als Sie hier waren, haben Sie gesagt, es lag bei ...

Dennis: Bei 1.

Ther.: Bei 1, dem Allerschlimmsten.

Dennis: Ja.

Ther.: Es klingt also so, als hätte sich etwas verbessert.

Dennis: Langsam, aber sicher. Wie in diesem Lied „Moving on up"

Ther.: Hervorragend! Helfen Sie mir, das zu verstehen, *was* genau hat sich verbessert?

Dennis: Na ja, ich habe versucht, ein bißchen früher von der Arbeit nach Hause zu kommen und nicht die ganze Nacht dazubleiben.

Ther.: Hmm.

Dennis: Als wir frisch verheiratet waren, hat meine Frau abends meistens gekocht. Als ich meine jetzige Stelle angetreten habe und abends immer so lange gearbeitet habe, hat sie damit aufgehört.

Ther.: Hm hm. Und hat sie bemerkt, daß Sie jetzt früher nach Hause gekommen sind?

Dennis: Oh ja! Als ich am ersten Abend hereinspaziert kam, war sie richtiggehend geschockt. Sie hatte mich gar nicht erwartet. Ich hatte auch nicht angerufen, um ihr zu sagen, daß ich zu einer normalen Zeit nach Hause komme, deshalb war sie wirklich überrascht.

Ther.: Hm hm. *Was* für einen Unterschied hat das gemacht?

Dennis: Gar keinen — jedenfalls nicht an dem Abend. Die Situation war immer noch ziemlich angespannt.

Ther.: Wann haben Sie zum ersten Mal bemerkt, daß es für Sie und Susan einen Unterschied macht, wenn Sie etwas früher nach Hause kommen?

Dennis: Wahrscheinlich nicht vor Samstag. Ich gehe normalerweise auch am Wochenende immer ein paar Stunden arbeiten, und ich glaube, sie hat erwartet, daß ich das wie gewohnt tue, also daß ich zur Arbeit gehe, bin ich aber nicht.

Ther.: Sind Sie nicht?

Dennis: Nee.

Ther.: *Wie* haben Sie das angestellt?

***

In dem nun folgenden Dialog arbeitete Dennis heraus, wie diese Veränderungen zustande gekommen waren und was für einen Unterschied diese Veränderungen für seine Beziehung zu Susan bedeuteten. Es ist vielleicht nicht besonders überraschend, daß sich Susan und Dennis an diesem Samstagabend zum ersten Mal seit längerer Zeit wieder liebten. Es ist unabdingbar, solche Unterschiede und die Ereignismuster, die diese hervorgebracht haben könnten, genau herauszuarbeiten, wenn man in Zukunft in der Lage sein möchte, diese Dinge zu wiederholen.

126

Während mehr und mehr Tage zusammenkommen, lassen sich zusätzliche Informationen aus dem Vergleich der Bewertungen der einzelnen Tage ziehen. Achten Sie dabei auf die Unterschiede zwischen Tagen, die auf der Skala höher liegen und Tagen, die niedriger liegen. Nehmen wir z.b. einmal an, die ersten vier Tage Ihrer Kurve sähen so aus:

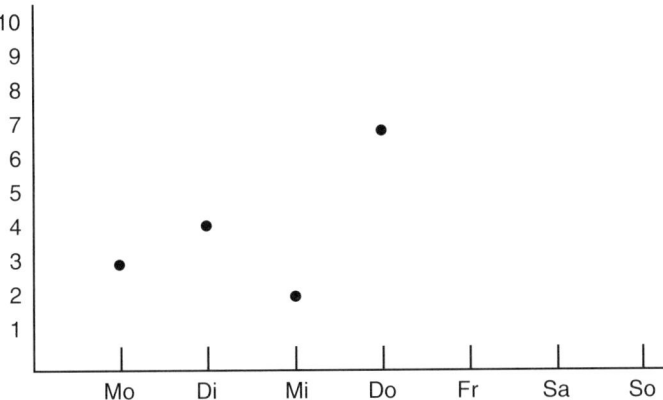

Aus der Kurve läßt sich leicht ablesen, daß die beiden besten Tage der Woche Dienstag, bewertet mit einer 4, und Donnerstag, bewertet mit einer 7, waren. Man kann nun zusätzliche Informationen gewinnen, wenn man darüber nachdenkt, was an diesen beiden Tagen anders war, was sie besser werden ließ als Montag, bewertet mit einer 3, und Mittwoch, der nur mit 2 bewertet wurde. Je genauer Sie diese Unterschiede beschreiben können, desto besser. Eine Möglichkeit, das hinzubekommen, bieten Ihnen die Fragen nach dem wer, was, wann, wo und wie, die wir im letzten Kapitel beschrieben haben. Zum Beispiel:

- **Welche ...**

  ...Tage lagen auf der Skala höher?

- **Was ...**

  ... war anders an den Tagen, die besser waren?

  ... haben Sie vor, während oder nach diesen Tagen getan, was dazu beigetragen haben könnte, daß diese besser wurden?

  ... haben Sie vor, während oder nach diesen Tagen nicht getan, was dazu beigetragen haben könnte, daß diese besser wurden?

... haben Sie anders gemacht gegenüber den Tagen, die weniger gut waren?

● **Wer ...**

... war an den besseren Tagen in der Nähe?

... war an den besseren Tagen nicht da?

● **Wo ...**

... waren Sie an den besseren Tagen? Inwiefern unterschied sich das von den weniger guten Tagen?

... waren Sie vor, während oder nach den besseren Tagen nicht? Inwiefern unterschied sich das von den weniger guten Tagen?

● **Wann ...**

... haben Sie bemerkt, daß diese Tage besser waren? Welche Rolle spielten die Tageszeit, der Wochentag, Monatsanfang oder -ende dabei, daß diese Tage besser wurden? Inwiefern unterschied sich das von den weniger guten Tagen?

● **Wie ...**

... könnten Sie es anstellen, daß solche besseren Tage wieder vorkommen?

... könnten andere dazu beitragen, daß solche besseren Tage wieder vorkommen?

WARNUNG:

Wir wissen, daß man sich leicht dazu verleiten läßt, über Tage nachzugrübeln, die den Hoffnungen und Erwartungen nicht entsprochen haben. Wie bereits erwähnt, geht es beim Großteil der traditionellen Therapiemethoden darum, derartige Mißerfolge zu analysieren und zu durchdenken. Wir hoffen allerdings, mehr als deutlich gemacht zu haben, daß wir nicht finden, daß solche Reflexionen besonders hilfreich sind, wenn KlientInnen nach einer Formel für Veränderungen suchen, die bei ihnen funktioniert. Konzentrieren Sie sich stattdessen darauf, was an erfolgreichen Tagen anders ist.

Die richtige Formel für Veränderungen zu finden, ist ein Prozeß mit Versuch und Irrtum, ein Prozeß, bei dem es leider keine Abkürzungen gibt. Wir hoffen allerdings, daß wir Ihnen dabei helfen können, so schnell und schmerzlos wie möglich durch diesen Prozeß zu steuern, wenn Sie Ihre eigene Lösungskurve zeichnen und über Ihre täglichen Erfahrungen in diesem Prozeß nachdenken. Es ist fast sicher, daß Sie unterwegs auf Hindernisse stoßen. Wahrscheinlich werden Sie auch Ausrutscher und Rückschläge erleben. Das nächste Kapitel beschäftigt sich damit, was Sie tun können, wenn das passiert.

Kurz-Übersicht der Wunder-Methode

<u>Die Lösungs-Gleichungen</u>

Gleichung 1:

W(under)

A(usnahmen)

Mache (mehr von dem, was funktioniert)

= Lösung

Gleichung 2:

W(under)

A(usnahmen)

+ Mache (etwas, das zufällige Ausnahmen wahrscheinlicher macht)

= Lösung

Gleichung 3:

W(under)

A(usnahmen)

+ Tue so, als ob (das Wunder geschehen ist)

= Lösung

Finden Sie *Ihre* Lösungs-Formel

1. Suchen Sie nach Zeiten, wo Teile Ihres Wunders geschehen.
2. Suchen Sie nach Zeiten, wo Ihr Problem nicht auftritt.
3. Halten Sie Ausschau nach kleinen anstatt nach großen Veränderungen.
4. Vervollständigen Sie Ihre Lösungskurve täglich.
5. Bestimmen Sie das wer, was, wann, wo und wie jeder Veränderung.

6. Hilfe! Ich bin gefallen und komme nicht mehr hoch!

Drei Regeln, um mit Rückschlägen auf dem Weg zur Lösung umzugehen

Auf dem Weg zum Erfolg begegnet man immer dem Mißerfolg.

– Mickey ROONEY

Nur diejenigen, die große Fehlschläge riskieren, können Großes erreichen.

– Robert F. KENNEDY

Machen Sie einfach weiter. Jeder verbessert sich, wenn er weitermacht.

– Ted WILLIAMS

In unseren modernen Zeiten hat fast jeder von uns schon einmal in einem Stau gestanden. Eine halbe Stunde lang schleicht man nur noch vorwärts, dreht das Radio von einem Sender zum nächsten und fragt sich die ganze Zeit, was den Stau verursacht haben könnte. Ein Unfall? Verstopfte Ausfahrten? Zuviele Wagen, die über eine Auffahrt in den Verkehr drängen? Plötzlich aber fängt der Verkehr wieder an zu fließen. Als Sie am ursprünglichen Ausgangspunkt des Staus vorbeifahren, sehen Sie, daß es dort weder einen Unfall gegeben hat, noch die Auf- und Ausfahrten verstopft sind. Kurz gesagt, Sie finden keinen vernünftigen Grund dafür, daß Sie die letzte halbe Stunde im Stau gestanden haben. Sie geben wieder Gas, gehen auf die Überholspur und schütteln mißbilligend den Kopf in Richtung derer, die Sie für die möglichen Schuldigen halten.

Während Sie weiterfahren, schweifen Ihre Gedanken ab, und Sie versuchen sich vorzustellen, was den Stillstand verursacht haben könnte. Sie stellen die Hypothese auf, daß es vielleicht schon früher einen Unfall an der Stelle gegeben hat und daß der Stau vielleicht lediglich ein Überbleibsel war. Vielleicht hat es aber auch eine Polizeikontrolle gegeben und alle sind langsamer gefahren, um zu sehen, was da vor sich ging.

Als Sie aber vorbeifuhren, war die Kontrolle bereits beendet. Vielleicht, vielleicht, vielleicht. In Wahrheit scheint es aber einfach keine vernünftige Erklärung für den Stau zu geben.

Was also verursacht solche Staus, und was genau führt dazu, daß sie sich genauso schnell und unerklärlich wieder auflösen, wie sie entstanden sind? Darauf gibt es tatsächlich eine Antwort (FELDMAN, 1987). Die Leute, die solche Dinge untersuchen, nennen das Phänomen „Schockeffekt". Sie weisen darauf hin, daß solche Staus dadurch verursacht werden, daß manche Leute *zu vorsichtig* fahren. Sie werden sich jetzt fragen, ob man denn überhaupt jemals zu vorsichtig sein kann, wenn es um etwas so Gefährliches wie Autofahren geht? Die Antwort lautet: Ja.

Nach Meinung von ExpertInnen gibt es so etwas wie eine optimale Geschwindigkeit, bei der die meisten Menschen am besten Auto fahren. Sie erklären die Entstehung von Staus dadurch, daß einige AutofahrerInnen bei erhöhtem Verkehrsaufkommen anfangen, langsamer als mit der optimalen Geschwindigkeit zu fahren, und damit auch andere zum Abbremsen zwingen. Diese anderen FahrerInnen fangen nun ihrerseits an, nach dem Grund zu suchen, weswegen Sie abbremsen mußten. Und je mehr sie suchen, desto langsamer und vorsichtiger fahren sie. Je langsamer und vorsichtiger sie fahren, desto ängstlicher werden sie. Je ängstlicher sie werden, desto mehr neigen sie dazu, bei kleinsten Verkehrsereignissen überzureagieren, und voilà — der Stau ist da, und, was am wichtigsten ist, scheinbar völlig ohne Grund.

Interessanterweise haben wir einen ähnlichen Schockeffekt bei ProblemtrinkerInnen beobachtet, die auf dem Weg zu ihrer Lösung Rückschläge einstecken müssen. Außerdem mußten wir feststellen, daß sich dieses Phänomen nicht nur auf die ProblemtrinkerInnen selbst auswirkt, sondern in mindestens genauso starkem, wenn nicht noch stärkerem Maße auch auf deren professionelle BehandlerInnen. Wie das? Von der Annahme, daß ihre KlientInnen in Zukunft weniger Probleme haben werden, wenn sie den Grund für ihre Rückschläge kennen, und der Hoffnung, deren Grund zu finden, lassen sich beide dazu verleiten, wertvolle Zeit mit der Analyse und der Untersuchung von Rückschlägen zu verbringen. Und um die Rückschläge zu analysieren, muß natürlich der Veränderungsprozeß verlangsamt werden. Dieses Abbremsen wiederum läßt die BehandlerIn ebenso wie die ProblemtrinkerIn vorsichtiger werden. Diese Vorsicht verstärkt beider Angst vor einem Rückschlag. Diese Ängstlichkeit wiederum läßt beide bei den kleinsten Ereignissen des Lebens überreagieren, und *voilà* — da ist der Behandlungsstau! So kann es passieren, daß Wochen, Monate und vielleicht Jahre in Behandlung verbracht werden, in denen die BehandlerIn und die ProblemtrinkerIn versuchen, aus einem Stau hinauszukommen, in den sie die Behandlung überhaupt erst gebracht hat. Es wäre in der Tat möglich, daß die Folgen dieses Schockeffekts für die weitverbreitete Überzeugung verantwortlich sind, die Überwindung problematischen Trinkverhaltens sei ein lebenslanger Prozeß. Kein Wunder! Heutzutage hat fast jeder von uns schon einmal in einem Stau gesteckt, der scheinbar ein ganzes Leben lang brauchte, um sich aufzulösen.

In Wahrheit sind Rückschläge genau wie Staus ganz normale Vorfälle auf dem Weg zu einer Veränderung. Dies gilt übrigens für *jedes* Problemverhalten, das jemand verändern möchte, aber es gilt doppelt, wenn es um Problemtrinken geht. Die Forschung zeigt, daß sage und schreibe 90% aller ProblemtrinkerInnen in den ersten Monaten des Versuches, sich zu verändern, auch Mißerfolge erleben (BERG & MILLER, 1982). Was soll die ProblemtrinkerIn nun aber tun, wenn Rückschläge eher die Regel als die Ausnahme sind? Zunächst einmal: Keine Panik!

Keine Panik!

In Panik versetzte AutofahrerInnen sind, wie wir gesehen haben, mitverantwortlich für die Staus, in denen sie stecken bleiben. Wir alle meckern und schimpfen über andere FahrerInnen, während wir in Wirklichkeit mit unserem eigenen Verhalten (Abbremsen, übervorsichtig Fahren, Gaffen und nach den Ursachen des Staus Ausschau halten) das Problem entstehen lassen und aufrecht erhalten. Dieses Phänomen und seine Lösung ähneln dem alten Partygag mit den Chinesischen Handschellen. Kennen Sie diese harmlosen kleinen Dinger? Man steckt seine Zeigefinger in beide Enden eines kurzen Schlauches. Das Problem dabei ist, daß der Schlauch sich strafft und die Finger festhält, wenn man versucht, sie herauszuziehen. Je mehr man zieht, umso straffer wird der Schlauch. Sofern man nicht heute noch mit den Fingern in so einem Ding herumläuft, hat man wahrscheinlich ziemlich bald entdeckt, daß *die Lösung im Gegenteil dessen besteht, was man natürlicherweise tun würde*, nämlich panisch zu versuchen, die Finger herauszuziehen. Die Lösung besteht vielmehr darin, die Finger erst zusammenzudrücken und dann herauszuziehen.

Das Gleiche gilt für Staus, von denen ExpertInnen sagen, daß sie sich (auf-)*lösen*, wenn ein oder mehrere FahrerInnen anfangen, wieder mit der optimalen Geschwindigkeit zu fahren. Dann tritt das Phänomen auf, das wir alle kennen: der Stau verschwindet einfach. Darauf kommen wir natürlich meistens nicht von alleine. Vielmehr fühlen wir uns alle gezwungen anzuhalten, zu gucken und nach einer Erklärung zu suchen, obwohl wir nur in den seltensten Fällen eine zufriedenstellende Ursache für den Stau ausmachen können.

Das Gleiche gilt für Rückschläge auf dem Weg zu einer Lösung. ProblemtrinkerInnen wie BehandlerInnen scheinen oft anhalten zu wollen, um den Rückschlag untersuchen und verstehen zu können, obwohl das im allgemeinen nicht gerade die hilfreichste Strategie ist, wenn man einfach nur seinen Weg wiederfinden will. Sie gehen bei diesem sehr typischen Verhalten von der Überzeugung aus, daß wir Rückschläge in Zukunft vermeiden können, wenn wir den aktuellen Rückschlag verstehen. Bei der Auseinandersetzung mit Rückschlägen haben wir allerdings herausgefunden, daß wir unsere Aufmerksamkeit nicht dem Verstehen des aktuellen und dem Vermeiden zukünftiger Rückschläge widmen sollten, sondern vielmehr der Frage, wie man nach einem Rückschlag die optimale Reisegeschwindigkeit auf dem Weg zur Lösung wieder aufnehmen kann.

Fairerweise müssen wir zugeben, daß wir das nicht immer so gesehen haben. Wir haben vielmehr wie die meisten professionellen BehandlerInnen ursprünglich gelernt, die Rückschläge unserer KlientInnen zu analysieren und zu untersuchen, immer in der Hoffnung, damit zukünftige Mißgeschicke vermeiden zu können. Doch dann trafen wir Blythe. Obwohl wir das damals noch nicht ahnten, führte uns die Auseinandersetzung mit dieser Klientin schließlich zu einer völlig neuen Sichtweise dieses Themas.

***

Lernen von der Bibliothekarin

Wir hatten längere Zeit nichts von Blythe gehört, als sie anrief und dringend um einen Termin bat. Das soll aber nicht heißen, daß wir die 35jährige Schulbibliothekarin vergessen gehabt hätten. Blythe sah nicht gerade wie eine Frau aus, von der man meinen würde, sie hätte ein Alkoholproblem. Sie war eine attraktive, begabte und gut ausgebildete Frau, die in Behandlung kam, weil sie unbedingt befördert werden wollte, wie es ihre Abteilung ihr angeboten hatte. Das Problem war nun aber, daß bei dieser Stellung in unregelmäßigen Abständen Drogentests vorgesehen waren. Obwohl sie ihr Problem in ihrer Zeit in der Bibliothek erfolgreich verborgen hatte, wußte sie, daß sie diesen Test nicht überlisten konnte.

Wir hatten mit Blythe ursprünglich über einen Zeitraum von zwei Monaten hinweg viermal gearbeitet. In dieser Zeit entwickelte sie ihren ganz persönlichen Lösungsplan und setzte ihn auch in die Tat um. Eine fünfte Sitzung war zwei Monate nach dem vierten Gespräch vereinbart worden, aber Blythe erschien nicht zu dieser Sitzung. Sie füllte allerdings unseren üblichen Nachuntersuchungsfragebogen aus und schickte ihn uns zurück, nachdem wir ihn ihr nach der ausgefallenen Sitzung zugesandt hatten. Auf dem Fragebogen vermerkte Blythe, sie sei nicht mehr zur Behandlung gekommen, weil sie „die Ziele der Therapie erfolgreich erreicht" habe. Dem Fragebogen hatte sie einen kurzen Brief beigelegt, in dem sie sich für unsere Hilfe bedankte und berichtete, daß sie die ersten Bewerbungsgespräche inklusive des ersten Drogentests überstanden hatte.

Wie schon bei ihren ursprünglichen Besuchen kam Blythe auch zur Krisensitzung pünktlich. Zu unserer großen Überraschung fing sie aber sofort an, Zweifel daran zu äußern, ob sie wirklich hier sein müsse. Sie erklärte uns, daß sie den Termin ein paar Tage nach einem Rückschlag an Sylvester ausgemacht hatte. Voller Überraschung berichtete sie, daß sie es in der Zeit zwischen ihrem Anruf und dem Termin irgendwie geschafft hatte, „wieder auf den Weg zu kommen." Mit anderen Worten, sie trank nicht mehr so, daß es ein Problem für sie darstellte.

Beeindruckt von dem Ausmaß der Erfolge, von denen sie berichtete, entschieden wir uns, unser übliches Mißtrauen und unseren Unglauben solange zurückzustellen, bis wir diese positive Wendung der Dinge untersucht hatten. Auf unsere Fragen erklärte Blythe, sie habe sich nach dem Rückfall ziemlich mies gefühlt und gedacht, sie müssen nun die ganze Behandlung wieder von vorne beginnen, als ihr plötzlich eine Idee kam. Die Idee war, noch einmal in die Aufzeichnungen zu schauen, die sie in ihrem Tagebuch über die Behandlung gemacht hatte. Das Durchsehen dieser Aufzeichnungen hatte ihr, wie sie sagte, geholfen, sich wieder ins Gedächtnis zu rufen, wie sie es geschafft hatte, ihr damaliges, sehr viel ernsteres Trinkproblem zu überwinden. Das regte sie wiederum dazu an, denselben Weg nochmals zu gehen und das resultierte schließlich darin, daß sie wieder in Tritt kam.

Es ging so aus, daß wir Blythe nur noch dieses eine Mal sahen. So wie sie mit dem Rückfall umgegangen war, stimmten wir alle darin überein, daß eine weitere Behandlung keine Berechtigung mehr hatte. Blythe hat die Veränderungen, die sie vor dieser letzten Sitzung eingeleitet hatte, bis heute aufrecht erhalten. Nebenbei gesagt, sie ist auch die Leiterin ihrer Abteilung der Schulbibliothek.

***

Eine neue Sichtweise der Veränderung

Unsere Erfahrung mit Blythe führte dazu, daß wir unsere bisherigen Annahmen über Rückfälle in Frage stellten und anfingen, mit neuen Behandlungsmethoden zu experimentieren. Bald ergab sich ein neues Bild. Dort, wo wir früher versucht hatten, herauszufinden, was einen Rückschlag verursacht hatte, wo wir Strategien für den Umgang mit zukünftigen Rückschlägen entwickelt hatten, fragten wir unsere KlientInnen nun, wie sie in der Vergangenheit damit klargekommen waren und ermutigten sie, genau diese Aktivitäten wieder aufzunehmen. Wo wir unsere KlientInnen früher vielleicht konfrontiert und auf die Schwächen hingewiesen hatten, die zu dem Rückschlag geführt hatten, konzentrierten wir uns nun auf ihre offensichtlichen Stärken und Ressourcen, die sie wieder auf den Weg brachten. Bei der verbleibenden, aber immer kleiner werdenden Gruppe von ProblemtrinkerInnen, bei denen sonst nichts funktionierte, setzten wir auf Zufallstreffer, indem wir sie einem ganzen Bündel verschiedener Ansätze aussetzten. Wir hofften, daß sich in dieser Vielfalt eine effektive Strategie finden würde.

Die Ergebnisse waren dramatisch. Erstens, und das ist am wichtigsten, waren die ProblemtrinkerInnen in der Lage, ihren Weg sehr schnell, meistens innerhalb nur einer Sitzung, wiederzufinden. Zweitens und ebenso wichtig, fühlten sich die ProblemtrinkerInnen sofort wohler in ihrer Haut. Das wiederum schien ihnen die Kraft zu geben, sich zukünftigen Herausforderungen zu stellen und weiterhin hart daran zu arbeiten, ihre Ziele zu erreichen. „Wenn man mich immer nur auf meine Fehler stößt," sagte uns eine unserer KlientInnen, als sie über unseren Ansatz nachdachte, „dann fühle ich mich wie ein Versager. Ich kriege das Gefühl, daß ich von alleine überhaupt nichts mehr schaffe."

Unsere Experimente führten uns schließlich zu einer völlig neuen Perspektive. Dieser Perspektivenwechsel findet in den drei einfachen Regeln seinen Ausdruck, die wir heute als unsere zentrale Philosophie betrachten. Diese Regeln beschreiben nicht nur unsere Sichtweise von Rückschlägen sondern auch unsere Philosophie des Wesens von Veränderung im allgemeinen.

Regel 1:
Wenn es nicht kaputt ist, dann repariere es auch nicht!

Ein gelegentlicher Rückschlag muß nicht heißen, daß Ihre Lösungsstrategie im Eimer ist und repariert werden muß. Als Menschen möchten wir allerdings verstehen, was wir erleben, insbesondere dann, wenn es nicht unseren Erwartungen entspricht. Deshalb ist die Versuchung so groß, innezuhalten und die Rückschläge, die wir erleben, zu untersuchen und zu analysieren, immer in der Hoffnung, daß uns diese Informationen in die Lage versetzen werden, in Zukunft solche Probleme zu vermeiden. TherapeutInnen und andere professionelle BehandlerInnen fühlen sich hier oft verpflichtet, diesem Prozeß Raum zu geben, und machen das Angebot, verschiedene Bereiche zu untersuchen, von denen allgemein geglaubt wird, daß dort die Ursachen unserer persönlichen Schwächen zu finden sind, so z.B. bei unseren Eltern, in der Kindheit, in unseren Genen, bei Krankheiten oder in unseren Gefühlen (SYKOS, 1993).

Leider geht diese ständige Beschäftigung mit Fehlern und Ursachenforschung am Punkt vorbei. Zum einen kann es sein, daß es, wie im Fall des inzwischen schon fast sprichwörtlichen Verkehrsstaus, einfach keinen vernünftigen Grund für einen Rückschlag gibt. Einer unserer Kollegen beliebt das so auszudrücken: „Shit happens" (wörtlich: „Scheiße passiert halt", DE SHAZER, 1991). Das heißt, man verschwendet mit der Suche nach Ursachen, die wenig zu einer Lösung beitragen, unter Umständen wertvolle Zeit und verschlimmert die Lage noch dadurch, daß man sinnvollere Dinge zurückstellt.

Bitte verstehen Sie uns an dieser Stelle nicht falsch. Wenn wir sagen, daß es manchmal keinen vernünftigen Grund für einen Rückschlag gibt, soll das nicht heißen, daß man keinen Grund finden würde, wenn man danach sucht. Wir sind – ganz im Gegenteil – sogar davon überzeugt, daß Sie einen Grund für Ihren Mißerfolg finden werden, wenn Sie nur lange genug danach suchen. Wir fragen uns dann nur: „Und jetzt?" Man kann sich nie sicher sein, daß man die richtige bzw. „wahre" Ursache eines Rückschlags „entdeckt" hat, und keine solche Entdeckung garantiert einem, daß man mit dieser Information in Zukunft keine Rückschläge mehr erleiden wird.

Nehmen wir z.B. einmal ein Erlebnis, das Scott hatte, als er aufwuchs. In der Gegend in Kalifornien, in der er groß wurde, gab es einen Nachbarn, der sich bei Scotts Vater, Paul MILLER, ständig Werkzeuge und Gartengeräte auslieh, diese aber nie zurückgab. Das Problem löste sich eines Sonntagnachmittags, als der Mann wieder einmal vor der Tür stand und sich etwas ausleihen wollte, in diesem Falle den Rasenmäher. Scott erinnert sich noch gut an das verwirrte Gesicht des Mannes, als Scotts Vater ihm sagte, er könne den Rasenmäher nicht ausleihen, weil „es bei der Familie heute Hühnchen zum Abendessen gibt." Soweit Scott sich erinnern kann, gab es wirklich Hühnchen zum Abendessen. Er war selber mit seinem Vater zu Kentucky Fried Chicken gefahren, um es zu kaufen. Was das allerdings damit zu tun hatte, daß der Nachbar sich den Rasenmäher nicht ausleihen konnte, war Scott (und sehr wahrscheinlich auch dem Nachbarn) völlig unklar. Während er an seinen Hühnerbeinen nagte, dachte er über den Vorfall nach. Da er keine vernünftige Antwort finden konnte, gab er es schließlich auf und fragte seinen Vater, was denn das Hühnchen mit dem Rasenmäher zu tun hatte. Sein Vater antwortete ihm: „Scott, wenn du eine Ausrede brauchst, ist eine so gut wie die andere."

Wenn man sich nur auf Mißerfolge konzentriert, kann man damit auch Dinge verdecken, die eigentlich offensichtlich sind, z.B. daß die Strategie, die man benutzt hat, gar nicht „im Eimer" ist, sondern eigentlich im großen und ganzen ganz ordentlich funktioniert hat. Man kann schließlich keinen Rückschlag erleiden, ohne vorher Fortschritte gemacht zu haben. Woher sollte man sonst wissen, daß man einen Rückschlag erlitten hat? Diese offensichtliche Tatsache übersieht man leicht, wenn man allzuviel Zeit darauf verwendet, Rückschläge zu analysieren und neue Strategien zu entwickeln. Der Versuch, eine neue Strategie zu entwickeln, obwohl die alte eigentlich gar nicht so schlecht war, hieße, das Kind mit dem Bade auszuschütten und kann schließlich zu einem Mischmasch von Strategien führen, die zusammen weniger effektiv sind als die ursprüngliche Strategie.

Bevor Sie also versuchen, herauszufinden, was kaputt ist, und was zu dem Rückschlag geführt hat, sollten Sie daher zunächst einmal einfach das tun, *was funktioniert hat, bevor der Rückschlag passierte*! Denken Sie an Blythe, die bei ihrem Rückschlag nach einem ganzen erfolgreichen Jahr in ihre Aufzeichnungen über die Behandlung sah und dann dieselben Strategien, mit denen sie vorher Erfolg gehabt hatte, wieder anwendete. Sie verschwendete keine wertvolle Zeit damit, über die Ursache des Rückschlags nachzudenken. Sie versuchte auch nicht, ihr Vorgehen zu analysieren und zu untersuchen oder den Fehler in ihrem Ansatz zu entdecken. Es spricht für sie, daß sie klug genug war, den Rückschlag auf sich beruhen zu lassen, nachdem sie den ersten Schrekken überwunden hatte, und daß sie anfing, das zu tun, was bei ihr schon früher funktioniert hatte.

Bevor Sie nun zum nächsten Abschnitt weitergehen, raten wir Ihnen daher sehr, sich die Zeit zu nehmen, über Ihre eigenen Erfahrungen nachzudenken. Denken Sie dabei insbesondere daran, was Sie vor dem Rückschlag für Ihren Erfolg getan haben, auch wenn Ihnen dieser Erfolg im Moment unbedeutend vorkommt. Lassen Sie sich durch den Schock und die Entmutigung, die zwangsläufig mit persönlichen Rückschlägen einhergehen, nicht davon abbringen, Ihre Erfolge ernstzunehmen und ausreichend zu berücksichtigen — und zwar alle Ihre Erfolge, so klein und unbedeutend sie Ihnen auch erscheinen mögen. Man kann schließlich nie wissen, in welchem Erfolg der Schlüssel zu einer bleibenden Veränderung steckt. Wenn Sie während der Lektüre dieses Buches schriftliche Aufzeichnungen gemacht oder ein Tagebuch über Ihre Erfahrungen geführt haben, dann nehmen Sie sich die Zeit, diese Notizen noch einmal durchzugehen, bevor Sie zur nächsten Regel weitergehen.

Regel 2:
Wenn du weißt, was funktioniert, *mach' mehr davon!*

Der sicherste Weg zum Erfolg ist der, weiterhin das zu tun, was Sie erfolgreich macht. Wie der Vater von Alexandre DUMAS im ersten Buch von *Ange Pitou* sagt: „Nichts ist so erfolgreich wie der Erfolg." Es kommt allerdings nicht gerade selten vor, daß ProblemtrinkerInnen nach einem Rückfall zu uns kommen und gar nicht merken, daß es ihnen bereits gelungen ist, das Problem aufzuhalten, und sie schon wieder auf ihren Weg zurückgefunden haben. Durch ihre Versagensgefühle vorübergehend blind gemacht, übersehen sie die harte Arbeit, die sie geleistet haben und die Bedeutung ihrer Anstrengungen in diesem Prozeß. Aber denken Sie einmal einen Augenblick lang über die Situation nach. Soviel ist klar, man hat einen Rückschlag erlitten. Das ist allerdings nur ein Teil, und vielleicht gar nicht einmal der wichtigste Teil des Bildes. Bevor jemand in unsere Praxis kommt, um über Zeiten problematischen Trinkens zu sprechen, hat er bereits einiges erreicht. Erstens hat er erkannt, daß es ein Problem gibt. Zweitens hat er Hilfe gesucht. Und drittens hat er es meistens schon geschafft, mit dem Trinken aufzuhören oder es wenigstens zu reduzieren. Wie wir bereits erwähnt haben, übersieht man die Bedeutung dieser Erfolge leicht, wenn man sich gerade elend fühlt, weil man einen Rückschlag erlitten hat.

„Und was ist mit dem Rückfall?" werden nun einige von Ihnen fragen. „Sollten wir uns nicht darauf konzentrieren?" „Übersehen wir nicht etwas Wichtiges, wenn wir unsere Mißerfolge nicht untersuchen?" Auf diese Fragen antworten wir: „Im Moment nicht!" Das Allerwichtigste ist jetzt, daß Sie Ihren Weg wiederfinden und sich wieder in Richtung Lösung bewegen. Alles andere birgt die Gefahr, den Wald vor lauter Bäumen nicht zu sehen. Zeitweilige Umwege können frustrierend und entmutigend sein, aber sie sollten nicht im Zentrum der Aufmerksamkeit stehen. Sie werden in Zukunft noch reichlich Zeit haben, um über solche Dinge nachzudenken. Beschäftigen Sie sich aber zunächst einmal mit den folgenden Fragen zu Ihrem Erfolg *nach* dem Rückschlag:

● **Was ...**

... hat Ihnen gezeigt, daß es Zeit war mit dem Trinken wieder aufzuhören (oder es zu reduzieren)?

... für Hinweise haben Ihnen gesagt, Sie müßten aufhören, als Sie es schließlich getan haben? Was tun Sie dafür, um in Zukunft sensibler auf diese Hinweise zu reagieren?

... war bei diesem Rückschlag anders als beim letzten?

... genau haben Sie dieses Mal anders gemacht (z.B. früher aufgehört zu trinken, weniger getrunken, woanders getrunken, mit anderen Menschen als sonst getrunken, andere Getränke getrunken, eine andere Abfolge der Ereignisse erlebt)?

... würden andere (PartnerIn, FreundInnen, Kinder, ArbeitgeberIn) sagen, was diesmal anders war?

... haben Sie getan, damit der Rückschlag nicht noch schlimmer wurde?

... wissen Sie, was Sie weiterhin tun müssen, um erfolgreich zu sein?

... müssen Sie mindestens tun, um auf Ihrem Weg zu bleiben?

● **Wie ...**

... haben Sie es schließlich geschafft, mit dem Trinken aufzuhören bzw. es zu reduzieren?

... würden andere sagen, wie Sie es schließlich geschafft haben, mit dem Trinken aufzuhören bzw. es zu reduzieren?

● **Wer ...**

... war bei Ihnen, als Sie sich entschlossen haben, mit dem Trinken aufzuhören bzw. es zu reduzieren? Inwiefern war es hilfreich, daß dieser Mensch (oder diese Menschen) da waren?

... war nicht da, als Sie sich entschlossen haben, mit dem Trinken aufzuhören bzw. es zu reduzieren? Wie könnte das Ihre Entscheidung beeinflußt haben? Inwiefern hat Ihnen die Abwesenheit dieses oder dieser Menschen geholfen?

● **Wo ...**

... waren Sie, als Sie es schließlich geschafft haben, die Kontrolle zumindest teilweise wiederzuerlangen? Inwiefern hat das zu Ihrem Erfolg beigetragen?

... sind Sie nach dem Rückschlag hingegangen, was hilfreich für Sie war?

***

In den Bach und wieder heraus

Ronald hatte fast ein Jahr lang keine Probleme mit Alkohol gehabt, als er zum ersten Mal einen Rückfall hatte. Für Ronald war dies ein besonders schwerer Rückschlag. Nach einigen Wochen problematischen Trinkens griff er allerdings zum Telefon und machte einen Termin bei uns aus. Er war sehr mutlos, als er zu diesem Termin erschien.

Ronald: *(unter Tränen)* Ich fühle mich wie ein totaler Versager. Ein ganzes Jahr den Bach 'runter.

Ther.: Klingt, als würden Sie sich deshalb ziemlich niedergeschlagen fühlen.

Ronald: Sehen Sie ja. Das geht mir einfach nicht aus dem Kopf. Ich muß immer, immer wieder daran denken. Warum? Warum? Das frage ich mich immer wieder.

Ther.: Ich möchte Sie gerne etwas fragen. *Wie* haben Sie es geschafft, sich selber weit genug aus dem Bach zu ziehen, um zum Telefon zu greifen und anzurufen?

Ronald: Das habe ich einfach so gemacht. Ich wußte, daß ich Hilfe brauchte.

Ther.: *Wie* unterscheidet sich das von dem, was Sie früher getan hätten?

Ronald: Früher hätte ich nicht angerufen, glaube ich jedenfalls nicht. Ich hätte mich in Selbstmitleid gesuhlt und weitergetrunken.

Ther.: Sie hätten sich in Selbstmitleid gesuhlt und weitergetrunken?

Ronald: Ja.

Ther.: Sie sagen, Sie hätten weitergetrunken?

Ronald: Ja.

Ther.: Heißt das, daß Sie jetzt nicht trinken?

Ronald: Ich habe jetzt seit ein paar Tagen nichts mehr getrunken.

Ther.: Wow! *Was* haben Sie getan, um sich dazu zu kriegen aufzuhören?

Ronald: Ich habe es einfach getan.

Ther.: Sie haben „einfach zum Telefon gegriffen", Sie haben „einfach aufgehört zu trinken"? Das glaube ich Ihnen nicht. Sie haben sich doch wirklich mies gefühlt. Da wäre es doch ziemlich leicht gewesen, sich einfach in Selbstmitleid zu suhlen und weiterzutrinken.

Ronald: So habe ich das noch gar nicht gesehen, ja.

Ther.: *Wie* haben Sie sich also dazu gekriegt, einfach so aufzuhören? Irgendetwas müssen Sie da ja getan haben.

Ronald: *(denkt nach)* Ich habe diese Kiste Bier genommen, die ich gekauft hatte, und habe sie meinem Nachbarn geschenkt.

Ther.: Hm hm.

Ronald: *(grinst und fängt an zu lachen)* Ich wollte sie eigentlich wegschmeißen, aber das habe ich nicht über mich gebracht.

Ther.: *(lacht)* OK, Sie konnten sie nicht wegschmeißen, deshalb ...

Ronald: ... habe ich sie meinem Nachbarn geschenkt.

Im weiteren Gespräch arbeitete der Therapeut gemeinsam mit Ronald heraus, „was funktioniert hatte", um Ronald bei der Beendigung seines Problemtrinkens zu helfen. Viel Zeit wurde darauf verwendet, das wer, was, wo, wann und wie seines Erfolges herauszufinden. Im Laufe dieser Diskussion veränderte sich Ronalds Stimmung und seine Einstellung. Am Ende der Sitzung fühlte er sich wohler in seiner Haut und wußte vor allem, was er tun konnte, falls in Zukunft wieder Probleme auftauchen würden.

Noch ein letztes Wort ... bevor wir zur nächsten Regel übergehen. Manche Menschen haben mit Regel 2 noch andere Schwierigkeiten. Möglicherweise liegt das einfach in der Natur des Menschen, aber wir haben bei ProblemtrinkerInnen die Neigung ausgemacht, bei funktionierenden Strategien schon früh im Veränderungsprozeß nachlässig zu werden und zu pfuschen. Sobald sich ein gewisser Erfolg eingestellt hat, denken sie wahrscheinlich, sie würden auch weiterhin Erfolg haben und müßten dazu nicht mehr alles tun, was sie bisher getan haben. Wir möchten Sie auf diese Neigung aufmerksam machen und Sie warnen, daß Sie den Mißerfolg geradezu einladen, wenn Sie anfangen, mit einer an sich erfolgreichen Strategie zu pfuschen. Wie nützlich es ist, mit dem weiterzumachen, was funktioniert, sagt auch der beliebte Spruch : „Never change a winning team." Dem fügen wir den einfachen Ratschlag hinzu: Lassen Sie sich nicht in Versuchung führen.

Regel 3: Wenn es nicht funktioniert, dann wiederhol' es nicht, mach' etwas ander(e)s!

Zufälligerweise sind wir beide zweisprachig. Wir sprechen zwar beide hauptsächlich englisch, aber Insoo spricht als gebürtige Koreanerin natürlich genausogut koreanisch. Scott, der nach der Schule einige Jahre in Schweden gelebt hat, spricht schwedisch. Wir sind also in der Lage, die Muttersprache der Einheimischen zu sprechen, wenn wir in diese Länder kommen. Dadurch haben wir beide Dinge erlebt, die die dritte Regel unserer zentralen Philosophie sehr schön illustrieren. Ob man sich auf dem internationalen Flughafen Aland bei Stockholm in Schweden befindet oder in den Straßen von Seoul in Korea, das Erlebnis ist beinahe dasselbe. Vielleicht haben auch Sie dieses Phänomen schon einmal beobachtet oder etwas Ähnliches erlebt. Das Ganze beginnt meistens damit, daß eine AusländerIn — typischerweise eine AmerikanerIn — an eine Einheimische herantritt, um sie etwas zu fragen. Vielleicht versucht die AmerikanerIn gerade, eine Touristenattraktion im Zentrum von Seoul zu finden, oder sie braucht Hilfe beim Ausfüllen der Zollformulare bei der Einreise nach Schweden. Was auch immer der Grund für die Begegnung ist, das Problem entsteht ziemlich schnell. Typischerweise fängt die AmerikanerIn an, das Dilemma zu erklären, in dem sie steckt. Sie fängt z.B. an, auf englisch zu erklären, wie verloren sie ist, und wie dankbar sie doch für etwas Orientierungshilfe wäre. Die Einheimische hört ihr dabei meistens aufmerksam zu und lächelt und nickt zu allem, was die AmerikanerIn sagt. Wenn diese schließlich geendet hat, erklärt ihr die Einheimische, die ihr scheinbar zugehört und sie verstanden hat, daß sie gar kein englisch spricht. Eine SchwedIn z.B. würde der AmerikanerIn *auf schwedisch* sagen: *„Jag talar inte engelska."* Eine solche Antwort in der Landessprache läßt die AmerikanerIn meistens ziemlich verwirrt dreinblicken. Vor lauter Überraschung wird sie ganz still und vielleicht sogar nachdenklich. Ganz offensichtlich überlegt sie, was jetzt zu tun ist. Das Ergebnis ist aber normalerweise immer dasselbe: Sie versucht es nochmal!

Sehr viel langsamer und mit sorgfältiger Betonung jedes einzelnen Wortes wiederholt die AmerikanerIn ihre Frage: „C o u l d y o u" — dabei betont sie das Wort „you" und zeigt auf die Einheimische, um ihren Worten mehr Nachdruck zu verleihen — „c o u l d y o u p l e a s e ... blah, blah, blah", worauf die Einheimische nochmals in ihrer Sprache antwortet: „J a g t a l a r i n t e e n g e l s k a ... blahski, blahski, blahski." An diesem Punkt schüttelt die AmerikanerIn normalerweise den Kopf und beide werden wieder still und überdenken ihren nächsten Schritt.

Als ob es daran läge, daß die Einheimische taub wäre, brüllt die Amerikanerin nun ihre Frage: „COULD YOU HELP ME ... BLAH, BLAH, BLAH." Möglicherweise denkt die Einheimische dasselbe von der AmerikanerIn, jedenfalls antwortet sie in gleicher Manier: „JAG TALAR INTE ENGELSKA ... BLAHSKI, BLAHSKI, BLAHSKI!" Das Gespräch eskaliert auf diese Weise solange, bis eine der Beteiligten entnervt aufgibt, jemand anderen zur Hilfe hinzuzieht oder sich anders verhält als bei diesem ersten Wortwechsel.

Das Problem besteht, mit anderen Worten, solange weiter oder verschlimmert sich sogar noch, solange beide Seiten weiterhin mehr desselben Verhaltens zeigen. Sie werden wahrscheinlich schon geahnt haben, daß sich das Problem in dem Moment löst, wo eine oder beide Seiten aufhören etwas zu tun, was nicht funktioniert, und stattdessen etwas anderes machen. Was genau sie anderes tun, ist dabei gar nicht so wichtig. Entscheidend für die Lösung des Problems ist lediglich, daß sie etwas, irgendetwas, anderes machen, als das, was nicht funktioniert hat.

Millers „Erstes Gesetz der Löcher"

Scott bezeichnet das Prinzip der Regel 3 mit Vorliebe als sein „Erstes Gesetz der Löcher". Einfach ausgedrückt, besagt das Gesetz folgendes: „Wenn du in einem Loch steckst, hör' auf zu graben!" Hör' auf mit einer Problemlösestrategie, die nicht funktioniert. Das Einzige, was dabei herauskommen kann, ist, daß man sich noch tiefer einbuddelt. Das soll nicht heißen, daß Regel 3 leicht zu befolgen ist. Obwohl wir uns der

Regel bewußt sind, lassen auch wir uns oft dazu verleiten, zu glauben, sie träfe auf uns nicht zu. Es kommt z.B. vor, daß wir bei der Arbeit mit einer KlientIn mit in den Sumpf geraten und in einem Loch „feststekken", das sich unter uns aufgetan hat durch unsere Entschlossenheit, eine bestimmte, ganz offensichtlich nicht funktionierende, therapeutische Strategie zum Erfolg zu bringen. Vorübergehend blind vor Entschlossenheit wenden wir bei der KlientIn eine doppelte, drei- oder vierfache Dosis derselben unwirksamen Strategie an und hoffen inständig, mit dieser Maßnahme das Problem zu überwinden. Allerdings trägt es wenig zur Lösung des Problems bei, wenn man die unwirksame Strategie BRÜLLT. Am Ende bleibt einem doch nichts anderes übrig, als die gescheiterte Methode fallenzulassen und etwas anderes zu tun.

Wie wichtig es ist, etwas ander(e)s zu machen, wird durch die Ergebnisse einer kleinen Forschungsstudie unterstrichen, die Scott vor einigen Jahren gemeinsam mit Larry HOPWOOD durchführte. In dieser Studie analysierten wir 50 Fälle, bei denen die Therapie keine Besserung brachte. Wir wollten herausfinden, ob diesen Fällen ein bestimmtes gemeinsames Merkmal innewohnte, das uns erlauben würde, bereits gleich zu Anfang vorherzusagen, ob jemand von unserer Behandlung nicht profitieren würde. Wir begannen die Studie mit der Untersuchung einer Vielzahl von Faktoren wie Diagnose, Dauer und/oder Chronizität des Problems, Familiengeschichte und Behandlungsmotivation. Wir fanden aber zwischen diesen Faktoren und dem Ausgang der Therapie keinen oder fast keinen Zusammenhang. D.h. nichts von alledem schien vorherzusagen, ob eine bestimmte KlientIn schließlich von der Behandlung profitieren würde. Wir waren überrascht von diesem Ergebnis und begannen nun, verschiedene Aspekte des therapeutischen Kontakts zu untersuchen. Wir konzentrierten uns dabei wiederum auf die KlientIn und betrachteten z.B. deren Teilnahme am Gespräch, ihre Antworten auf unsere Fragen, ob sie sich an unsere Ratschläge hielt oder nicht usw. Allerdings fanden wir wiederum keinen oder fast keinen Zusammenhang dieser Faktoren mit dem Ausgang der Therapie.

Frustriert von unseren vergeblichen Bemühungen um ein Verständnis der Gründe für den Mißerfolg unserer Behandlungsmethode in manchen Fällen, entschlossen wir uns schließlich, unsere Aufmerksamkeit auf das einzige Element zu lenken, das wir vorher außer acht gelassen hatten: die TherapeutIn. Und *voilà*, sobald wir uns mit dem Verhalten der TherapeutIn auseinandersetzten, fanden wir, wonach wir die ganze Zeit gesucht hatten. Das gemeinsame Merkmal dieser Fälle war die Anwendung ein und derselben Behandlungsstrategie von Sitzung zu Sitzung, obwohl diese Strategie der KlientIn keinerlei Verbesserung brachte. Mit anderen Worten, erfolglose Fälle resultieren daraus, daß KlientIn und TherapeutIn immer wieder denselben alten Mist machen, obwohl er nichts einbringt.

Im gleichen alten Mist steckenbleiben

Wie gesagt, man läßt sich nur allzuleicht dazu verleiten, eine erfolglose Problemlösestrategie immer wieder anzuwenden. Dabei hoffen wir natürlich alle, daß sich unsere Hartnäckigkeit auszahlen wird und wir schließlich doch noch die gewünschten Ergebnisse erzielen werden. In der kindlichen Vorstellung verhaftet, Anstrengungen müßten immer in gleichem Ausmaß mit Erfolg belohnt werden, betreiben wir eine gescheiterte Strategie weiter. Das ist leider alles andere als witzig, denn wenn man feststeckt, kann einen das leicht derartig entmutigen, daß man die Versuche, das Problem zu lösen, ganz aufgibt. Wie in einem bösen Traum, in dem uns ein feuerspeiender Drache verfolgt, betreiben wir unsere vergeblichen Bemühungen immer weiter, versuchen wegzulaufen oder gegen den Drachen zu kämpfen, wo die einzige echte Lösung darin besteht, aufzuwachen (WATZLAWICK, WEAKLAND, FISCH, 1974), wo die einzige echte Lösung also darin besteht, etwas zu tun, was wirklich anders ist.

Das sogenannte *Big Book* der Anonymen Alkoholiker, eine der führenden Veröffentlichungen des traditionellen Behandlungsansatzes, behauptet kühn: „Wir sind nur selten jemandem begegnet, der gescheitert wäre, obwohl er gewissenhaft unserem Weg gefolgt ist. Diejenigen, die nicht genesen, sind Menschen, die sich diesem einfachen Programm nicht vollständig unterwerfen wollen oder können, es sind in der Regel Männer oder Frauen, die von ihrer Veranlagung her gar nicht in der Lage sind, ehrlich mit sich selbst zu sein ... Sie sind von Natur aus unfähig, eine Lebensweise, die absolute Ehrlichkeit verlangt, zu begreifen und zu entwickeln" (*Alcoholics Anonymous*, 1976). Mit diesem kurzen Textauszug wird meistens erklärt, warum es Menschen gibt, bei denen der Ansatz der Anonymen Alkoholiker keinen Erfolg hat. Wir könnten nicht gegensätzlicherer Meinung sein. Wie wir in den ersten Kapiteln dieses Buches gezeigt haben, gibt es nicht einfach nur einen Weg, wie man sein Trinkproblem lösen kann. Das Phänomen ist komplex und entzieht sich einer einfachen, schablonenhaften Lösung für alle. Jeder Mensch muß seine eigene Lösung finden und entwickeln. Das ist der Kern der „Wunder"-Methode.

Außerdem haben Erfahrung und Forschung uns gezeigt, daß man Miß-erfolge in der Behandlung am besten dadurch überwindet, indem man eben *nicht* den Hilfesuchenden die Schuld in die Schuhe schiebt, son-dern indem man vielmehr zügig nach anderen Herangehensweisen an das Alkoholproblem der Betroffenen sucht und deren Umsetzung in die Wege leitet. Verstehen Sie uns hier bitte nicht falsch. Wir er-kennen ohne weiteres an, daß es Menschen gibt, denen der traditio-nelle Ansatz der Anonymen Alkoholiker etwas bringt. Auch bei eini-gen unserer KlientInnen haben wir die positiven Auswirkungen die-ses Ansatzes beobachten können. Wie aber bereits aus dem obigen Zitat aus dem *Big Book* deutlich wird, haben wir auch einen starken Hang beobachtet, Mißerfolge der Behandlung immer den hilfebedürf-tigen Menschen und nicht etwa der Behandlungsmethode zuzuschrei-ben. Wenn Sie sich in einer Lage befinden sollten, in der Ihnen die Schuld dafür zugeschoben wird, daß eine Behandlungsmethode, -stra-tegie oder ein -programm Ihnen nicht beim Erreichen Ihrer Ziele ge-holfen hat, dann sollten Sie diese Situation überdenken. Anstatt kost-bare Zeit darauf zu verwenden zu analysieren, was mit Ihnen nicht stimmt, ist es wahrscheinlich höchste Zeit, sich nach Handlungsalter-nativen umzusehen und *etwas anderes zu versuchen*.

Übrigens gilt dasselbe natürlich auch für die Methode, die wir in diesem Buch vertreten haben. Wie eingangs bemerkt, geben wir uns nicht der Illusion hin, den einzig wahren, richtigen oder auch nur besten Weg ge-funden zu haben, wie man Menschen helfen kann, ihre Alkoholproble-me zu lösen. Wir hoffen vielmehr, der wachsenden Vielfalt von Behand-lungsmöglichkeiten für Menschen, die ein problematisches Trinkverhal-ten beenden wollen, eine weitere hinzuzufügen.

Wie man etwas anderes findet, was man ma-chen kann

Die folgenden Fragen sollen Ihnen bei der Entwicklung von Ideen hel-fen, was Sie anders machen können, wenn Sie merken, daß Sie fest-stecken und nur noch denselben alten Mist weitermachen. Seien sie sich dabei aber darüber im klaren, daß diese Fragen keine erschöpfen-de Liste aller verfügbaren Möglichkeiten bilden, sondern lediglich die Auswahl der von unseren KlientInnen am häufigsten beantworteten dar-stellen.

Bemühen Sie sich zu sehr?

Ob Sie es glauben oder nicht, es ist durchaus möglich, sich bei dem Versuch, ein persönliches Problem zu lösen, zuviel Mühe zu geben. Dies scheint in ganz besonderem Maße für Menschen zu gelten, die versuchen, ihr Trinkverhalten zu verändern. Während der traditionelle Ansatz ProblemtrinkerInnen als „widerständig" oder „sich verweigernd" darstellt, haben uns unsere eigenen Erfahrungen mit der Behandlung von ProblemtrinkerInnen in den letzten 20 Jahren zu einer ganz anderen Sichtweise geführt. Unsere KlientInnen, die in problematischer Weise trinken, leiden oft an einer übermäßigen Entschlossenheit sich zu ändern und sind weit entfernt von einer irgendwie fehlenden Motivation. Wir bezeichnen sie manchmal als „Opfer ihres eigenen Enthusiasmus". Vielleicht hoffen sie darauf, in die Brüche gegangene Beziehungen zu reparieren oder fehlendes Selbstvertrauen wiederzugewinnen, jedenfalls setzen sie sich absurd hohe Ziele und messen sich an unerreichbaren Maßstäben. Da sie aber nicht sehen, daß diese Ziele und Maßstäbe unerreichbar hoch sind, setzen sie sich auch noch einem Hagel von Selbstkritik und Selbstbeschuldigungen aus, wenn sie keinen Erfolg haben. Das Ergebnis ist dann häufig und wenig überraschend ein Rückfall ins Trinken.

Deshalb fragen wir KlientInnen, die Schwierigkeiten haben, manchmal, ob sie sich vielleicht zu sehr bemühen, bzw. ob sie sich vielleicht zu früh im Veränderungsprozeß zu viel abverlangen. Haben sie ihre Erfolgsmaßstäbe zu hoch angesetzt? Ignorieren sie vielleicht die Anzeichen für kleinere Veränderungen in ihrem Verhalten, weil sie sich zu sehr auf das große Gesamtergebnis konzentrieren? Würden sie eine kleine, aber bedeutsame Veränderung überhaupt bemerken? Was wäre eine kleine, aber bedeutsame Veränderung? Was ist die kleinstmögliche Veränderung, mit der sie zu diesem Zeitpunkt zufrieden wären?

Wenn wir unseren KlientInnen diese Fragen stellen, fangen sie manchmal an, mit uns zu diskutieren. Sie behaupten z.B., wir würden sie schonen, oder wir würden „zu niedrige Maßstäbe ansetzen". Und auch wenn wir die Gründe für diese Fragen erklären, hat das meistens keinerlei Einfluß auf ihre Meinung. Vielleicht zeigen sie ja, wenn man das so nennen will, *Widerstand* — d.h. Widerstand gegen Veränderungen in einem vernünftigen Tempo!

Der Punkt ist, daß man sich durchaus zu sehr bemühen kann. Wenn Sie den Verdacht haben, das könnte bei Ihnen der Fall sein, könnte es hilfreich sein, wenn Sie zunächst einmal Ihre Ziele und Maßstäbe neu bewerten. Stellen Sie sich dazu zuerst die Frage, woran Sie es bemerken würden, wenn Sie Ihre gegenwärtige Lage in geringem Maße verändern würden. Dabei könnte Ihnen eine der Skalenfragen behilflich sein, die wir im letzten Kapitel vorgestellt haben. Wenn Sie sich auf einer Skala von 1 bis 10 z.B. im Moment bei 1 einstufen, dann versuchen Sie einmal zu beschreiben, was anders sein wird, wenn Sie sich von dort auf 1,25 oder 1,50 hochbewegt haben. Wir sind uns sehr wohl darüber im klaren, daß das für alle von Ihnen, die „chronisch übermotiviert" sind, ziemlich schwierig ist. Realistischere Ziele und Maßstäbe zu setzen und kleine Zeichen des Fortschritts zu beschreiben, ist der erste Schritt, wenn man zurück auf den Weg zur Lösung finden will.

Brauchen Sie einen Urlaub von der Veränderung?

Wenn Ihnen der erste Vorschlag unpassend erscheint, könnten Sie in Erwägung ziehen, sich einen kleinen Urlaub von der Veränderung zu gönnen. Sie haben ganz richtig gehört, einen Urlaub von den Bemühungen, Ihr Trinkproblem zu lösen. Die Idee hinter diesem Vorschlag ist einfach. Genau wie bei einem richtigen Urlaub möchten Sie vielleicht auch bei dem Versuch, sich zu verändern, einmal eine Pause einlegen. Eine solche Pause verschafft Ihnen etwas Abstand von Ihrer aktuellen Situation, genauer gesagt, von Ihren derzeitigen Bemühungen, das Problem zu lösen. Dieser Abstand kann Ihnen wiederum zu einer neuen Sichtweise Ihrer Situation verhelfen, aus der sich vielleicht neue Möglichkeiten zur Lösung des Problems ergeben. Wir empfehlen meistens einen Urlaub von mindestens ein bis zwei Wochen. Gleichgültig wie lang Ihr Urlaub sein soll, wenn Sie sich einmal dazu entschlossen haben, dann nehmen Sie auf jeden Fall den *ganzen* Urlaub. Wenn Sie so sind wie andere Menschen, werden Ihnen schon bald nach Antritt Ihres Veränderungsurlaubs neue Ideen kommen. Geben Sie dann nicht der Versuchung nach, sich gleich wieder an die Arbeit zu machen. Nehmen Sie sich die Zeit, notieren Sie sich die Ideen und Möglichkeiten, wenn sie Ihnen einfallen, aber beginnen Sie mit der Umsetzung erst nach dem Ende Ihrer Auszeit.

Ist Ihnen Ihr Wunder klar?

Anders ausgedrückt: Wissen Sie, was Sie wollen? Was Ihr Behandlungsziel ist? Ob Sie es bemerken würden, wenn Sie Ihr Ziel erreicht hätten? Was wäre, wenn Sie nur einen Teil dessen bekommen hätten, worauf Sie gehofft hatten?

Würden Sie die Veränderungen dann bemerken? Was wären diese Veränderungen? Haben die Veränderungen, die Sie suchen, die Qualitäten der sechs Schlüssel zum Erfolg, die wir in Kapitel 3 vorgestellt haben? (Erinnern Sie sich überhaupt noch, was die sechs Schlüssel zum Erfolg sind?)

Falls Sie sich an die sechs Schlüssel nicht mehr erinnern können, dann ist es gut möglich, daß die Ziele, die Sie sich gesetzt haben, die ersehnten Erfolgserlebnisse eher verhindern, als sie Ihnen näherzubringen. Die Arbeit an Zielen, die den sechs Erfolgsqualitäten nicht entsprechen, ist einer der häufigsten Gründe für Mißerfolg, die wir bei der Behandlung von ProblemtrinkerInnen beobachten. Wenn eine KlientIn Schwierigkeiten hat, ihr problematisches Trinkverhalten zu verändern, gehört es deshalb mit zu den ersten Dingen, die wir tun, herauszuarbeiten, ob die Ziele der KlientIn diese sechs Qualitäten besitzen oder nicht. Zur Erinnerung hier noch einmal die sechs Schlüssel zum Erfolg:

- Stellen Sie sicher, daß Ihr Wunder für Sie wichtig ist.

- Halten Sie es klein.

- Machen Sie es spezifisch, konkret und verhaltensbezogen.

- Stellen Sie sicher, daß Sie sagen, was Sie tun werden, anstatt was Sie nicht tun werden.

- Sagen Sie, wie Sie Ihre Reise beginnen werden und nicht, wie Sie sie beenden werden.

- Seien Sie sich klar über das wer, was, wo und wann, aber nicht über das warum.

Wenn Sie die sechs Schlüssel vergessen hatten, dann nehmen Sie sich jetzt die Zeit, um Ihre Behandlungsziele bzw. Ihr Wunderbild noch einmal durchzusehen.

Hat Ihr Wunder die sechs Schlüssel? Auch wenn Sie meinen, diese Qualitäten in Ihrem Wunder wiederzufinden, könnte es sinnvoll sein, Kapitel 3 noch einmal zu lesen und alle Fragen nochmals zu beantworten. Falls Sie es noch nicht getan haben, sollten Sie sich Ihre Antworten diesmal aufschreiben.

Sind Sie eine Kundin, die etwas verändern will? Eine Klagende? Eine Besucherin?

Haben Sie sich beim Lesen dieses Buches die Zeit genommen, alle Fragen zu beantworten? Die Übungen zu machen? Die Empfehlungen auszuprobieren? Haben Sie sich Notizen gemacht? Ihre Fortschritte aufgezeichnet? Sich Notizen über Ihre Erfolgsstrategien gemacht? Kurven gezeichnet? Wenn die Antwort auf diese Fragen ein eindeutiges „Ja" ist, dann sind Sie wahrscheinlich das, was wir eine KundIn nennen, die etwas verändern will. Mit anderen Worten, Sie sind der Typ Mensch, der sieht, daß ein Problem existiert, und der weiß, daß ihm dessen Lösung eigenes Handeln abverlangt.

Wenn Sie dieses Buch allerdings gelesen haben, ohne sich die Zeit zu nehmen, die Fragen zu beantworten, die Übungen zu machen oder wenigstens einige der Hausaufgaben auszuprobieren, dann sind Sie wahrscheinlich keine KundIn, die etwas verändern möchte. Sie sind dann wahrscheinlich das, was wir als eine Klagende bezeichnen. Klagende sind Menschen, die bei dem Versuch, ein Problem zu lösen, nicht mehr als den minimalen Aufwand betreiben wollen. Sie hoffen darauf, sich durch das zu verändern, was wir scherzhaft als „Bibliosmose" bezeichnen — durch das Aufsaugen der Ideen eines Buches ohne irgendeine eigene Arbeit. Klagende sind oft davon überzeugt, jemand anderes habe das Problem und müsse sich daher als Erster verändern — z.B. die PartnerIn, die ArbeitgeberIn, die BewährungshelferIn oder auch die TherapeutIn. Trotzdem behaupten Klagende andauernd, sie wünschten, die Dinge würden sich verändern. Sie beklagen lautstark und ausdauernd ihre Probleme. Dennoch warten sie oft eher darauf, daß sich von alleine etwas verändert, als daß sie selber etwas tun.

Was können Sie tun, wenn Sie den Verdacht haben, Sie könnten vielleicht eher eine Klagende als eine KundIn sein, die etwas verändern will? Sie können natürlich hoffen und beten, daß sich Ihre Lage ohne Ihr Zutun verbessert. Wie wir bereits mehrfach erwähnt haben, sieht die Realität allerdings so aus, daß sich nur sehr wenige Menschen alleine dadurch verändern, daß sie ein Buch lesen. Und auch wenn Sie zusätzlich hoffen und beten, sind Ihre Erfolgsaussichten doch sehr viel geringer, als wenn Sie sich selbst wirklich dahin bekämen, etwas zu *tun*. Veränderungen benötigen *Ihr* Handeln.

In dieser Situation ist die vielleicht wichtigste Frage die, wie Sie Ihre Motivation steigern können, durch eigenes Handeln eine Veränderung zu bewirken. Wahrscheinlich ist der erste Schritt bereits getan, wenn Sie erkannt haben, daß Sie eher eine Klagende als eine KundIn sind. Viele Leute halten sich fälschlicherweise schon für KundInnen, wenn sie über ein Problem klagen oder jemand anderen damit nerven, er solle sich ändern. Sie glauben, das sei alles, was sie an Aktivität zeigen müßten, um zu einer Lösung zu kommen. Genau das ist aber das Verhalten einer Klagenden und nicht das einer KundIn. Wenn man sich nur beklagt oder darauf besteht, daß sich andere ändern, bevor man sich selbst bewegt, dann kann man lange warten. Darüberhinaus kann sich das Problem verschlimmern und das Leiden vergrößern, während man wartet. Natürlich wäre es schön, wenn sich zuerst die anderen ändern würden, die Realität sieht aber so aus, daß Ihnen nur Ihre eigenen Bemühungen und Ihr eigenes Handeln wirklich eine Veränderung garantieren können.

Der zweite Schritt besteht in der Entscheidung, was genau Sie an sich und an Ihrer Situation verändern wollen. Dabei kann es hilfreich sein, dem Prozeß zu folgen, den wir in Kapitel 3 skizziert haben. Greifen Sie sich die Dinge heraus, die Sie verändern *können*, und lassen Sie erst einmal alles andere beiseite. Die einfache Wahrheit ist, daß Sie sich motivierter fühlen werden, wenn Sie an einer Sache arbeiten, an der Sie ein Interesse haben und deren Veränderung in Ihrer Macht steht.

Wenn Sie davon überzeugt sind, daß Sie kein Alkoholproblem haben und das Buch nur lesen, weil jemand anderes Sie dazu gezwungen hat, dann sind Sie weder eine Klagende noch eine KundIn. Sie sind dann wahrscheinlich eher das, was wir als BesucherIn bezeichnen. BesucherInnen sind nicht selten von Gerichten, PartnerInnen oder ArbeitgeberInnen dazu gezwungen worden, professionelle Hilfe in Anspruch zu nehmen. Sie sind allerdings davon überzeugt, daß sie kein Problem haben. Sie sitzen lediglich ihre Zeit ab, bis sie am betreffenden Behandlungsprogramm nicht mehr teilnehmen müssen.

Die Frage ist natürlich, was Sie tun können, wenn Sie sich in der Situation einer BesucherIn befinden. Vielleicht haben Sie wirklich kein Problem. Vielleicht werden Ihnen ungerechtfertigte Vorwürfe gemacht, oder Sie werden zur Teilnahme an einem Programm verurteilt, das Ihren Bedürfnissen überhaupt nicht entspricht. Was können Sie dann tun? Natürlich wird die Zeit vorübergehen. Wer auch immer Ihnen vorwirft, Sie hätten ein Problem, wird das *vielleicht* irgendwann vergessen. *Vielleicht* werden Sie irgendwann aus der Verpflichtung gegenüber der Person, dem Gericht oder dem Behandlungsprogramm, das Sie festhält, entlassen. Wenn Sie wollen, können Sie einfach Ihre Zeit absitzen, bis etwas Neues passiert.

Sie können die verfügbare Zeit aber auch nutzen, um an etwas zu arbeiten, was für Sie persönlich von Interesse ist. In unserer schnellebigen Welt haben wir nur selten Gelegenheit, lange genug innezuhalten, um darüber nachzudenken, was wir vom Leben erwarten, geschweige denn, um unsere Bemühungen darauf zu richten, das auch zu erreichen. Vielleicht können Sie die Zeit, die Ihnen zur Verfügung steht, genau dazu nutzen: um darüber nachzudenken, was Sie wollen, und um einen Plan zu erstellen, wie Sie das erreichen wollen. Wenn Sie selbst aktiv werden, wird das zumindest den Eindruck machen, als würden Sie an irgendetwas arbeiten. Und das wiederum könnte Ihnen diejenigen, die sich über Sie beschweren, vom Hals schaffen. Mit ein paar kleinen Abänderungen kann die Methode, die wir in diesem Buch beschrieben haben, auch helfen, Ziele zu erreichen, die nicht direkt etwas mit der Überwindung von Trinkproblemen zu tun haben. Denken Sie einmal darüber nach. Was haben Sie zu verlieren?

Sind Sie sich Ihrer Sache zu sicher?

Wie gesagt, ProblemtrinkerInnen fallen manchmal ihrer eigenen Entschlossenheit zum „Opfer". Diese läßt sie nicht nur unerreichbare Ziele und viel zu hohe Maßstäbe setzen, sondern auch die Wahrscheinlichkeit eines Rückfalls oder Rückschlags auf dem Weg zur Lösung unterschätzen. Diese Unterschätzung führt dazu, daß sie sich auf die unvermeidlichen Rückschläge im Veränderungsprozeß nicht ausreichend vorbereiten.

All das wäre kein Problem, wenn ProblemtrinkerInnen, die sich ihrer Sache zu sicher sind, aus solchen Erfahrungen lernen würden. Ein solcher Lerneffekt würde sich z.B. daran zeigen, daß sie sich kleinere, realistischere Ziele setzen oder die Wahrscheinlichkeit zukünftiger Rückfälle realistischer einschätzen und sich auf diese Möglichkeit vorbereiten würden. Häufig führt ein Rückschlag aber genau zum Gegenteil. Angesichts eines Mißerfolges verdoppeln diese allzu sicheren ProblemtrinkerInnen ihre Anstrengungen und setzen sich selbst noch höhere Ziele und Maßstäbe. Diese neuerlichen Bemühungen und erhöhten Maßstäbe wiegen sie in einer trügerischen Sicherheit, die wiederum dazu führt, daß sie das Risiko zukünftiger Rückschläge unterschätzen und sich auf diese nicht ausreichend vorbereiten. Das Ergebnis ist ein Kreislauf aus immer größeren Anstrengungen, immer wieder erneuerten Schwüren und Versprechungen sich zu ändern sowie chronischen Rückfällen.

Was können Sie tun, wenn Ihnen das passiert? Ganz einfach, hören Sie auf, die Wahrscheinlichkeit von Rückschlägen zu unterschätzen, und nehmen Sie sich jetzt die Zeit, sich angemessen auf diese Möglichkeit vorzubereiten. Sie können damit anfangen, indem Sie zunächst über die Rückschläge nachdenken, die hinter Ihnen liegen, und dann einen

Plan entwickeln, wie Sie Situationen und Umstände vermeiden, die Sie einer erhöhten Gefahr aussetzen. Vielleicht können Ihnen diese Fragen dabei helfen:

- **Was ...**

  ... kann ich tun, um das Risiko eines Rückschlags zu erhöhen? Was noch? Was kann ich im Moment tun, um das Risiko zu verringern?

  ... tue ich normalerweise unmittelbar vor einem Rückschlag, was diesen verursachen könnte? Was kann ich stattdessen tun?

  ... würden andere sagen, was ich normalerweise unmittelbar vor einem Rückschlag tue, was diesen verursachen könnte? Was würden diese anderen sagen, was ich stattdessen tun sollte?

  ... für Gedanken, Gefühle und Verhaltensweisen treten unmittelbar vor einem Rückschlag auf, die diesen verursachen könnten? Würden andere (z.B. PartnerIn, Familienangehörige, FreundIn, Arbeitgeberln) mir da zustimmen?

  ... für Gedanken, Gefühle und Verhaltensweisen bemerken andere unmittelbar vor einem Rückschlag, die diesen verursachen könnten? Durch welche Gedanken, Gefühle und Verhaltensweisen sollte ich diese nach deren Meinung ersetzen?

- **Wo ...**

  ... befinde ich mich meistens, wenn ich einen Rückschlag erleide (z.B. zu Hause, in der Kneipe, bei einer bestimmten Veranstaltung)? Wo könnte ich stattdessen hingehen, wo die Gefahr eines Rückschlags geringer wäre?

  ... werde ich nach Meinung anderer (z.B. PartnerIn, Familienangehörige, FreundIn, ArbeitgeberIn) am ehesten einen Rückschlag erleben? Wo sollte ich nach deren Meinung stattdessen hingehen?

- **Mit wem ...**

  ... bin ich wahrscheinlich zusammen, wenn ich einen Rückschlag erleide (z.B. bestimmte FreundInnen oder Bekannte, Familienangehörige)? Wem sollte ich auf jeden Fall aus dem Weg gehen? Mit wem sollte ich stattdessen zusammensein?

  ... bin ich nach Meinung anderer (z.B. PartnerIn, Familienangehörige, FreundIn, ArbeitgeberIn) wahrscheinlich zusammen, wenn ich

154

einen Rückschlag erlebe? Wem sollte ich nach deren Meinung auf jeden Fall aus dem Weg gehen? Was würden die anderen vorschlagen, mit wem ich stattdessen zusammensein sollte?

- **Wann ...**

    ... habe ich am wahrscheinlichsten einen Rückfall? Zu welcher Tageszeit? An welchem Wochentag? Was kann ich in Zukunft anders machen, um dieses Risiko zu verringern?

    ... würden andere (z.B. PartnerIn, Familienangehörige, FreundIn, ArbeitgeberIn) einen Rückschlag bei mir am ehesten erwarten? Zu welcher Tageszeit? An welchem Wochentag? Was könnte ich nach deren Meinung anders machen, um dieses Risiko zu verringern?

Haben Sie noch weitere Ideen, was Sie anders machen können?

Die bis hierher vorgestellten Fragen und Empfehlungen sind natürlich keine erschöpfende Liste aller Möglichkeiten, die einem zur Verfügung stehen, wenn man Schwierigkeiten hat, sein Verhalten zu ändern. Wir haben hier nur diejenigen berücksichtigt, die sich für die große Mehrzahl der ProblemtrinkerInnen, mit denen wir im Laufe der Jahre gearbeitet haben, als hilfreich herausgestellt haben. In Wirklichkeit ist die Liste der Möglichkeiten endlos. Wir wissen aber auch, daß man, außer einfach weiterzugraben, oft kaum noch andere Möglichkeiten sieht, wenn man sich erst einmal tief genug in ein Loch gegraben hat. Nur allzu leicht gerät man in die Falle, immer mehr desselben alten Mists zu machen, der einfach nicht funktioniert.

Da Sie jetzt aber wissen, daß Sie garantiert keinen Erfolg haben werden, wenn Sie dieselbe alte Strategie weiterhin anwenden, kommt es darauf an, sich zu überlegen, was Sie jetzt anders machen könnten, das Ihre zukünftigen Erfolgsaussichten vielleicht verbessern könnte. Alles, was Sie tun, was sich in irgendeiner Weise von Ihrem bisherigen Ansatz unterscheidet, steigert Ihre Chancen auf Erfolg. Sie wissen, daß Ihr bisheriger Ansatz, das Problem zu lösen, nicht funktioniert. Wenn Sie diese Strategie weiterfahren, ist Ihnen daher der Mißerfolg sicher. Sie müssen also andere mögliche Handlungsweisen und Ansätze in Betracht ziehen.

Nehmen Sie sich jetzt etwas Zeit für ein Brainstorming möglicher Alternativen. Falls Sie noch nie ein Brainstorming gemacht haben, es geht folgendermaßen: Erstens, suchen Sie sich einen gemütlichen, ruhigen

Ort, wo Sie etwa 10 Minuten lang ungestört sind. Dann nehmen Sie Bleistift und Papier zur Hand und überlegen Sie sich Dinge, die Sie anders machen könnten, um Ihr Problem zu lösen. Lassen Sie Ihre Gedanken fließen und geben Sie Ihrer Phantasie völlig freien Lauf, um alles und jede Möglichkeit durchzuspielen, auch wenn Ihnen diese im Moment völlig unrealistisch und verrückt erscheint. Unterziehen Sie keine Idee der Bewertung, der Kritik oder der Zensur. Lassen Sie Ihren Gedanken etwa zehn Minuten lang die Freiheit, alle Möglichkeiten durchzuspielen. Auf jeden Fall aber schreiben Sie sich die Ideen auf, wenn sie Ihnen kommen. Sehen Sie sich hinterher die Liste an, die Sie geschrieben haben, und entscheiden Sie, ob Ideen dabei sind, die Sie ausprobieren wollen. Wundern Sie sich nicht, wenn Sie mehrere Anläufe brauchen, um Handlungsmöglichkeiten zu entwickeln, bei denen Sie das Gefühl haben, daß sie einen Einfluß auf Ihre Situation haben und Sie wieder in Bewegung bringen könnten.

Zusätzlich zu oder kombiniert mit dem Brainstorming hilft Ihnen vielleicht die folgende Übung weiter. Wir nennen die Übung „Mülleimerliste". Erstellen Sie dazu zunächst eine Liste aller Dinge, mit deren Hilfe Sie im Moment versuchen, das Problem zu lösen, und von denen Sie wissen, daß sie nicht funktionieren. Achten Sie darauf, daß dies eine vollständige Liste wird, die alles enthält, was Sie versucht haben, ohne daß es funktioniert hat. Lassen Sie aber alles weg, was entweder gelegentlich oder unter bestimmten Umständen und Voraussetzungen funktioniert. Auf der Liste sollten ausschließlich die Dinge stehen, von denen Sie wissen, daß sie *nicht* erfolgreich dazu beitragen, Ihr Trinkproblem zu lösen.

Wenn Sie die Liste fertig haben, gehen Sie sie noch einmal sorgfältig durch. Dann geben Sie sich selbst das stille Versprechen, daß Sie keinen der gescheiterten Lösungsversuche auf Ihrer Liste noch einmal versuchen werden. Verpflichten Sie sich stattdessen dazu, etwas anderes zu machen.

Benötigen Sie fremde Hilfe?

Wenn Sie die bis hierhin vorgeschlagenen Ideen ausprobiert haben, ohne daß Ihre Bemühungen von Erfolg gekrönt waren, ist es vielleicht an der Zeit, über professionelle Hilfe nachzudenken. Obwohl die Forschung gezeigt hat, daß Selbsthilfebücher hilfreicher sind, als man früher angenommen hat, ist es doch klar, daß nicht jeder die Hilfe, die er braucht, aus einem Buch ziehen kann (GOULD & CLUM, 1993). Manchmal ist zusätzliche Hilfe in Form einer professionellen psychologischen Behandlung unabdingbar.

Eine solche Behandlung muß nicht zwangsläufig kostspielig und langfristig angelegt sein. Wie eingangs bemerkt, ermöglicht es die Weiterentwicklung der therapeutischen Techniken und Methoden den professionellen BehandlerInnen, ihren KlientInnen sehr viel schneller zu helfen, als das früher für möglich gehalten wurde. Die Geschwindigkeit einer Veränderung hängt natürlich in gewissem Maße immer von der jeweiligen TherapeutIn und KlientIn ab, eine Veränderung sollte sich aber eher innerhalb von Wochen als innerhalb von Monaten oder Jahren abzeichnen. Das heißt natürlich nicht, daß alle Ihre Probleme über Nacht gelöst werden. Es heißt aber, daß Sie einige Therapieergebnisse nach vier bis fünf Sitzungen, spätestens aber nach der 10. Sitzung erwarten sollten. Wenn sich keine Ergebnisse zeigen, sollten Sie darüber mit Ihrer TherapeutIn sprechen. Machen Sie einen Bogen um professionelle BehandlerInnen, die behaupten, Behandlung und Genesung seien immer ein lebenslanger Prozeß.

Was die Kosten angeht, so bezahlen die meisten Krankenkassen wenigstens einen Teil der Kosten einer professionellen Therapie*. Schauen Sie in Ihren Unterlagen nach, oder sprechen Sie mit Ihrer Krankenkasse, um herauszufinden, welche Unterstützung Ihnen von dieser Seite zusteht. Solche Gespräche werden in der Regel vertraulich behandelt, so daß Sie Ihr Problem nicht genau benennen müssen, um herauszufinden, was Ihre Kasse bezahlt.

Auch für Menschen, die keine Krankenversicherung haben, gibt es einige Möglichkeiten. So bieten z.B. in den meisten Gemeinden Beratungsstellen ihre Dienste kostenfrei oder zu nur geringen Kosten an. Entgegen der Meinung mancher Leute stehen diese Beratungsstellen im psychosozialen Versorgungsangebot oft sehr gut da und haben ein hervorragendes und modernes therapeutisches Angebot. Die Telefonnummern solcher öffentlichen Beratungsstellen finden sich im Telefonbuch in der Regel vorne im Behördenverzeichnis der Gelben Seiten.

Eine andere Möglichkeit besteht darin, direkten Kontakt mit bestimmten

---

* **Anm. d. Hrsg.:** Die AutorInnen schildern hier die Verhältnisse in den USA. Diese lassen sich nicht einfach auf Deutschland übertragen. Die sogenannten Psychotherapie-Richtlinien, die fehlende rechtliche Regelung der Tätigkeit von Diplom-PsychologInnen als PsychotherapeutInnen, Reha-Maßnahmen und Krankenbehandlungen — dies alles vor dem Hintergrund offenbar fehlender Finanzen — stellen hierzulande einen kaum überschaubaren Rahmen dar, wer wofür welche Unterstützung bekommt oder nicht bekommt.

TherapeutInnen aufzunehmen und mit ihnen über die Kosten der Behandlung zu sprechen. Insbesondere können Sie danach fragen, ob die TherapeutIn bereit ist, die Behandlungskosten Ihrem Einkommen und Ihrer Zahlungsfähigkeit anzupassen. Die Kosten einer Therapie unterscheiden sich stark und sind, grob gesagt, davon abhängig, wieviel und welche Ausbildung die TherapeutIn genossen hat, und wo sie arbeitet. Im allgemeinen werden in Ballungsgebieten höhere Preise verlangt. PsychiaterInnen verlangen normalerweise die höchsten Sätze, in leicht abfallender Reihe gefolgt von PsychologInnen, SozialpädagogInnen, Paar- und FamilientherapeutInnen, professionellen BeraterInnen und ausgebildeten Drogen- und AlkoholberaterInnen. Sie sollten wissen, daß es bei den Preisen für diese professionellen Dienstleistungen große Unterschiede gibt, daß ein höherer Preis aber keine Garantie für ein besseres Ergebnis oder auch nur für eine bessere Therapie ist.

TherapeutInnen, die nicht offen und direkt über ihre Preise sprechen, sollte man lieber meiden. Wir haben z.B. schon von skrupellosen TherapeutInnen gehört, die ihren potentiellen KlientInnen gesagt haben, ihre Fragen nach den Kosten der Therapie spiegelten in Wirklichkeit ihre tiefe Verleugnung des Problems oder ihre Ambivalenz darüber, ob sie wirklich eine Therapie beginnen wollten. Nichts könnte der Wahrheit ferner liegen. Wenn überhaupt, dann spiegelt das Einholen von Informationen über die Kosten der Therapie Ihren tiefen Verantwortungssinn und den Wunsch, eine offene und ehrliche Arbeitsbeziehung zu einer TherapeutIn herzustellen. Genauso stark wie die Preise unterscheiden sich auch Qualität und Art der angebotenen Behandlung von TherapeutIn zu TherapeutIn. Am wichtigsten ist es, eine BeraterIn zu finden, die zu Ihnen und Ihren Erfahrungen „paßt", und die ausreichend flexibel und gut genug ausgebildet ist, um mit verschiedenen Ansätzen arbeiten zu können, wenn sie Ihnen hilft, Ihr Problem zu lösen. Nehmen Sie sich vor TherapeutInnen in acht, die behaupten, ihr Behandlungspaket sei für jeden richtig.

Wie findet man am besten eine gute TherapeutIn? Oft sind FreundInnen, Verwandte oder KirchenvertreterInnen gute Informationsquellen. Die zuverlässigste Quelle für eine Empfehlung ist häufig jemand, der selber positive und produktive Erfahrungen mit einer bestimmten TherapeutIn gemacht hat. Gleichgültig wer Ihnen jemanden empfohlen hat, sprechen Sie in jedem Falle mit mehreren möglichen KandidatInnen, bevor Sie eine Auswahl treffen.

Was die Wahl einer TherapeutIn betrifft, die Ihnen bei der Lösung Ihres

Trinkproblems helfen soll, haben Sie vielleicht gehört, es sei am besten, sich von einer TherapeutIn behandeln zu lassen, die selber erfolgreich ihre eigenen Alkoholprobleme überwunden hat. Die VertreterInnen traditioneller Ansätze behaupten z.B., TherapeutInnen und BeraterInnen, die Alkoholprobleme am eigenen Leib erfahren und dann auch überwunden haben, seien besser und erzielten bei der Arbeit mit ProblemtrinkerInnen bessere Ergebnisse. Mit gesundem Menschenverstand betrachtet, hat dieses Argument zwar eine gewisse Anziehungskraft, die Forschung zu diesem Thema weist aber eindeutig darauf hin, daß es keinen Einfluß auf das Therapieergebnis hat, ob die TherapeutIn eigene Alkoholprobleme zu überwinden hatte oder nicht (*Institute of Medicine*, 1990). Hinzu kommt, daß die augenscheinliche Logik des Arguments — Gleiches bringt Gleiches hervor, also sollten Gleiche auch Gleiche behandeln — bei genauerer Untersuchung in sich zusammenfällt. Wie weit sollte man dieses Argument z.B. ausweiten? Sollten depressive Menschen nur von TherapeutInnen behandelt werden, die selber einmal im klinischen Sinne depressiv waren? Schizophrene Menschen nur von ehemals Schizophrenen? Sollten wir HausärztInnen die Behandlung von Krankheiten verbieten, die sie nicht selbst gehabt haben? Das Argument wird schnell absurd. Lou GRANT aus der „Mary-Tyler-Moore-Show" hat einmal gesagt: „Man muß kein Wal sein, um *Moby Dick* zu schreiben." Ob man also mit einer TherapeutIn arbeitet, die zufälligerweise selbst eine ehemalige ProblemtrinkerIn ist, ist letztlich eine Frage der persönlichen Vorliebe. Noch einmal, die entscheidende Frage ist, ob die TherapeutIn zu Ihnen und zu Ihren Erfahrungen „paßt".

Kurz-Übersicht der Wunder-Methode

Drei Regeln für den Umgang mit Rückschlägen

1. Wenn es nicht kaputt ist, dann repariere es auch nicht!

2. Wenn du weißt, was funktioniert, mach' mehr davon!

3. Wenn es nicht funktioniert, dann wiederhol' es nicht. Mach' etwas ander(e)s!

Nachwort

Über das Wesen von Wundern

> Kein Zeugnis irgendeiner Art von Wunder ist jemals zum Beweis
> geworden ... es ist nur eine Erfahrung.
>
> – David Hume, *Enquiries*

Es gibt eine alte Geschichte von zwei Novizen in einem Zen-Kloster, die über ihre jeweiligen Meister diskutieren, während sie den Tempel ausfegen. Voller Stolz, der Schüler eines berühmten Mönches zu sein, erzählt der eine Novize dem anderen über die vielen Wunder, die er seinen Meister hat vollbringen sehen. „Ich habe gesehen", sagt der junge Novize, „wie mein Meister ein ganzes Dorf zu Buddha bekehrt hat, wie er es aus heiterem Himmel hat regnen lassen und wie er Berge versetzt hat!"

Der andere Novize hört aufmerksam zu und antwortet dann voll tiefem Verständnis des Zen: „Auch mein Meister vollbringt viele wunderbare Dinge. Wenn er hungrig ist, ißt er. Wenn er durstig ist, trinkt er. Wenn er müde ist, schläft er." Die Geschichte dieser beiden Zen-Novizen spiegelt den Konflikt in unseren Gedanken und Gefühlen wider, in dem wir uns am Ende dieses Buches befinden. Wir würden uns zwar sehr wünschen, daß die in diesem Buch beschriebene Methode Ihnen dazu verhilft, in Ihrem Leben ein Wunder zu vollbringen. Wie der zweite Novize erkennen wir allerdings, daß solche Erscheinungen gar nicht das widerspiegeln, was im Leben wirklich wichtig ist. Wirklich wichtig ist nur, daß Sie in der Lage sind, alle Freuden und Schmerzen des normalen, alltäglichen Lebens zu erleben, daß Sie frei von den Problemen, die der Alkohol verursacht, zur Arbeit gehen, eine Familie großziehen, ein Zuhause einrichten, Ihre Rechnungen bezahlen können usw.

Genau wie dieses Buch endet auch jede Behandlung irgendwann. So soll es sein. TherapeutInnen kommen mit KlientInnen zu einem bestimmten Zweck zusammen. Dieser Zweck besteht darin, den KlientInnen zu helfen, so schnell und effizient wie möglich wieder zu ihrem normalen Leben zurückzukehren. Wenn Ihnen die Lektüre dieses Buches in dieser Hinsicht weitergeholfen hat, dann haben wir unser Ziel erreicht. Wir wünschen Ihnen für den Rest des Weges zu Ihrer Lösung viel Glück.

Literatur

Alcoholism Report: The Authorative Newsletter for Professionals in the Field of Alcoholism, 1990

Anonyme Alkoholiker. Alcoholics Anonymous: The Story of How Thousands of Men and Women Have Recovered from Alcoholism. New York: A.A. World Services, Inc., 1976, bekannt als *The Big Book*

BERG, Insoo Kim & Steve DE SHAZER. Wie man Zahlen zum Sprechen bringt. Die Sprache in der Therapie. Familiendynamik 18(2): 146-162, 1993

BERG, Insoo Kim & Larry HOPWOOD. Doing with Very Little: Brief Treatment of the Homeless Substance Abuser. J. Independent Social Work 5(3-4): 109-120, 1992

BERG, Insoo Kim & Scott D. MILLER. Working with the Problem-Drinker. A Solution-Focused Approach. New York: Norton, 1992, dtsch. Kurzzeittherapie. Ein lösungsorientierter Ansatz. Heidelberg: Cl.Auer, 1993

COONTZ, Stephanie. The Way We Never Where: American Families and the Nostalgia Trap. New York: Basic Books, 1992

DE SHAZER, Steve. Shit happens. In Gunthard WEBER & Fritz B. SIMON (eds) Strange Encounters with Carl Auer. New York: Norton, 1991, dtsch. dies. (eds) Carl Auer. Geist oder Ghost. Heidelberg: Cl.Auer, 1990

DE SHAZER, Steve. Putting Difference to Work. New York: Norton, 1992, dtsch. Das Spiel mit Unterschieden. Heidelberg: Cl.Auer, 1992

DE SHAZER, Steve. Zum Geleit. „Einfach ist nicht leicht" ... „Tun ist wissen". Ein Stück Interview. Ein Stück Vorwort. In: Wolfgang EBERLING & Jürgen HARGENS (eds). Einfach kurz und gut. Zur Prxais der lösungsorientierten Kurztherapie. Dortmund: borgmann, 1996

DOYLE, Sir Arthur Canon. Silver Blaze. The Memoirs of Sherlock Holmes. Pleasantville, NY Reader's Digest Ass., 1988

DUNCAN, Barry L. & Dorothy W. MOYNIHAN. Applying Outcome Research: International Utilization of the Client's Frame of Reference. Psychotherapy 31(2): 294-301, 1994

FELDMAN, David. Imponderables: The Solution to the Mysteries of Everyday Life. New York: Morrow, 1987

FRIEDMAN, Steven. The New Language of Change: Constructive Collaboration in Psychotherapy. New York: Guilford, 1993

GARFIELD, Sol & Allen E. BERGIN (eds). Handbook of Psychotherapy and Behavior Change. New York: John Wiley & Sons, 1986[3]

GOULD, Robert A. & George A. CLUM. A Meta-Analysis of Self-Help Treatment Approaches. Clin.Psychol.Rev. 13(2): 169-186, 1993

GRAVITZ, H. & BOWDEN, J. Preface: Recovery: A Guide for Adult Children of Alcoholics. New York: Simon & Schuster, 1987

HALEY, Jay. Persönl. Mitt., 1986

HALEY, Jay, zit. nach. William H. O'HANLON & James WILK. Shifting Contexts: The Generation of Effective Psychotherapy. New York: Guilford, 1987

HAWKINS, David, persönl. Mitt. 1991

Institute of Medicine. Broadening the Base of Treatment for Alcohol Problems. Washington, DC: National Academy Press, 1990

JOHNSON, Vernon E. I'll Quit Tomorrow. New York: Harper & Row, 1973

JOHNSON, Vernon E. Intervention: How to Help Someone Who Doesn't Want Help? Minneapolis: Johnson Institute Books, 1986

KRISTOL, E. Declarations of Codependence. American Spectator, Juni 1990

LIPCHIK, Eve. Die Hast, kurz zu sein. Z.system.Ther. 12(4): 228-235, 1994

LORENZ, Edward. Deterministic Non-Periodic Flow. J. Atmospheric Sciences 20: 130-141, 1963

MARLATT, G. Alan, Barbara DEMING & John B. REID. Loss of Control Drinking in Alcoholics: An Experimental Analogue. J.Abn.Psychol. 81: 233-241, 1973

MILLER, Scott D. The Symptoms of Solution. JSST 11(1): 1-11, 1992

MILLER, Scott D. From Problem to Solution: The Solution-Focused Brief Therapy Approach. Brief Therapy Training Handouts. Chicago, 1993, 1994

MILLER, William R. Motivation and Treatment Goals. Drugs and Society 1: 133-151, 1987

MILLER, William R., R.Gayle BENEFIELD & J.Scott TONIGAN. Enhancing Motivation for Change: A Controlled Comparison of Two Styles. J.Consult.Clin.Psychol. 61(3): 455-461, 1993

NISBETT, Richard N. & Lee ROSS. Human Inference: Strategies and Shortcomings of Social Judgement. Englewood Cliffs, NJ: Prentice-Hall, 1980

ORFORD, Jim & Gifford EDWARDS. Alcoholism – A Comparison of Treatment and Advice, with a Study of the Influence of Marriage. Oxford: Oxford University Press, 1977

PARKER, M.W., D.K. WINSTEAD & F.J.P. WILLI. Patient Autonomy in Alcohol Rehabilitation: 1. Literature Review. Intern.J. Addiction 14: 1015-1022, 1979

PEELE, Stanton. The Meaning of Addiction: Compulsive Experience and Its Interpretation. Lexington, MA: Lexington Books, 1985

PEELE, Stanton. The Diseasing of America: Addiction Treatment out of Control. Lexington, MA: Lexington Books, 1989

REISER, David B. persönl. Mitt. 1984

ROBBINS, Lee. Addict Careers. In: Robert DUPONT, Avram GOLDSTEIN & John O'DONNELL (eds). Handbook on Drug Abuse. Rockville, MD: National Institute on Drug Abuse, 1979

ROSSI, Ernest. Psychological Shocks and Creative Moments in Psychotherapy. Am.J.Clin.Hypn. 16(1): 14, 1973

SHAFFER, Howard J. & Stephanie B. JONES. Quitting Cocaine: The Struggle against Impulse. Lexington, MA: Lexington Books, 1989

SPIEGEL, H. & L.LINN. „The Ripple Effect" Following Adjunct Hypnosis in Analytic Psychotherapy. Am.J.Psychiatry 126: 53-58, 1969

SYKES, C. A Nation of Victims. New York: St.Martin's Press, 1993

WATZLAWICK, Paul. If You Desire to See, Learn How to Act. In: Jeffrey ZEIG (ed). Evolution of Psychotherapy. New York: Brunner/Mazel, 1987, dtsch. „Willst du erkennen, lerne zu haneln" in: Jeffrey ZEIG (ed). Psychotherapie. Entwicklungslinien und Geschichte. Tübingen: dgvt, 1991

WATZLAWICK Paul, John WEAKLAND & Richard FISCH. Change: Principles of Problem Formation and Problem Resolution. New York: Norton, 1974, dtsch. Lösungen. Bern-Stuttgart-Wien: Huber, 1974

WEINER-DAVIS, Michele, Steve DE SHAZER & Wallace GINGERICH. Building on Pre-Treatment Change to Construct the Therapeutic Solution: An Exploratory Study. J.M.F.T. 13(4): 359-364, 1987

WEISS, Brian L. Many Lives, Many Masters: The True Story of a Prominent Psychiatrist, His Young Patient, and the Past-Life Therapy That Changed Both Their Lives. New York: Simon & Schuster, 1988

WOLIN, Steven.J. How to Survive Practically Anything. Psychology Today 25(1): 36-39, 1992

WOLIN, Steven.J. & Sybil WOLIN. The Resilient Self: How Survivors of Troubled Families Rise above Adversity. New York: Villard Books, 1993

Personenverzeichnis

Anhang

„Ein Wunder schaffen" bedeutet harte Arbeit – und Sie können das!

Scott D. MILLER und Insoo Kim BERG ermuntern Sie in diesem Buch, Ihre vorhandenen Stärken zu nutzen und sie geben Ihnen mit diesem Buch eine Möglichkeit an die Hand, sich tatsächlich zu verändern. Dabei versäumen Sie nicht darauf hinzuweisen, daß diese Änderung harte Arbeit ist – vielleicht die härteste, die Sie je leisten mußten. Dazu bedienen sich Scott D. MILLER und Insoo Kim BERG eines Grundmusters und eines Grundprinzips:

> „Ihnen wird einfach geholfen, die Ressourcen und Stärken zu entdecken, die Sie jetzt schon besitzen, die sich einsetzen lassen, die Änderungen herbeizuführen, die Sie wünschen. Darum geht es beim Wunder: *Ihre eigenen Stärken und Ressourcen zu sammeln und zu bündeln. um Ihre Probleme mit Alkohol zu lösen.*" (S. 17)

Nun liegt das Buch in deutscher Erstausgabe vor, und als Herausgeber möchte ich das Vorhaben von Scott D. MILLER und Insoo Kim BERG unterstützen. Deshalb haben wir das Buch mit einem Anhang versehen, der Ihnen helfen soll, an Ihrem Wunder konkret zu arbeiten: Arbeitsbögen, Arbeitsblätter, Karteikarten.

Die Nutzung ist ganz einfach – es werden noch einmal einige der wesentlichen Schritte, die im Buch beschrieben werden, aufgegriffen, so daß Sie anhand der Karten an Ihrer Änderung arbeiten können. Dabei ist es aber unerläßlich, daß Sie vorher das Buch lesen, damit Sie wissen, wie Sie die einzelnen Aufgaben einsetzen und durchführen müssen. Der Anhang ist kein Ersatz für die Lektüre – er soll Ihnen nach der Lektüre bei Ihrer Arbeit helfen.

Jedes Blatt faßt einige wesentliche Arbeitsschritte zusammen, damit Sie diese jederzeit und schnell nachvollziehen und ausführen können.

Da ist zunächst noch einmal der Überblick über die Grundprinzipien des vorgestellten Ansatzes, damit Sie immer rasch wissen, was von Ihnen erwartet wird und was Sie von sich erwarten können.

Dann werden Sie daran erinnert, welches die ersten Schritte sind und wie Sie Ihr Wunder im einzelnen beschreiben und bestimmen können. Die dazu nötigen Schlüssel erhalten Sie in Einzelausfertigung, so daß Sie jeden Schlüssel, der für Sie „paßt", konkret verwenden können. Und Hinweise, wie Sie der Lösung – Ihrer Lösung – nachspüren können, sind ebenso enthalten wie Aufgaben, Ihre konkreten Lösungsgleichungen zu entwerfen.

Die Arbeitsblätter sollen Ihnen ganz einfach bei Ihrer nicht ganz einfachen Arbeit helfen, indem Sie diese leicht zur Hand haben, sich an Ihre Aufgaben erinnern und die geleistete Arbeit festhalten können.

Und jetzt wünsche auch ich Ihnen auf dem Weg zu Ihrer Lösung viel Glück.

Der Herausgeber

Kurz-Übersicht der Wunder-Methode

Prinzipien des lösungsorientierten Ansatzes

1. Kein Ansatz paßt für alle.

2. Es gibt mehr als eine mögliche Lösung.

3. Lösung und Problem sind nicht notwendigerweise miteinander verbunden.

4. Der einfachste und am wenigsten einschneidende Ansatz ist oft die beste Medizin.

5. Menschen können in kurzer Zeit Besserungen erreichen und schaffen es auch.

6. Änderung geschieht ständig.

7. Fokussiere auf Stärken und Ressourcen und nicht auf Schwächen und Defiziten.

8. Fokussiere auf die Zukunft und nicht auf die Vergangenheit.

> Die „Tür zur Lösung" zu finden,
> beginnt mit einer *Entscheidung*.

> Die Tür zur Lösung wird geöffnet,
> wenn Sie sich vorstellen,
> wie Sie sich Ihr Leben anders wünschen,
> wenn Ihr Problem erst einmal gelöst ist.

Beschreiben Sie Ihr Wunder:

Nehmen Sie einmal an, heute abend, nachdem Sie ins Bett gegangen und eingeschlafen sind, geschieht ein Wunder! Das Wunder besteht darin, daß das Problem oder die Probleme, mit denen Sie kämpfen, gelöst sind! Genau das! Da Sie aber schlafen, wissen Sie nicht, daß ein Wunder geschehen ist. Sie verschlafen einfach das ganze. Wenn Sie dann morgen früh aufwachen, *was wäre eine der ersten Sachen*, die Ihnen auffallen würden, die anders wären und die Ihnen sagen würden, daß das Wunder geschehen und Ihr Problem gelöst ist?

© 1997 verlag modernes lernen, D-44139 Dortmund ● aus: Miller/Berg, Die Wunder-Methode, Bestell-Nr. 4352

Kurz-Übersicht der Wunder-Methode

Die Tür zur Lösung zu finden, beginnt mit der Entscheidung: Ich will, daß mein Leben anders ist!

Die Tür zur Lösung zu öffnen, beginnt mit einer Betrachtung, wie Sie Ihr Leben anders haben möchten, wenn Ihr Problem gelöst ist: Angenommen, es geschieht ein Wunder ...

Die Tür zur Lösung aufzuschließen, wird von sechs Schlüsseln begleitet:

1. Stellen Sie sicher, daß Ihr Wunder für Sie wichtig ist.

2. Halten Sie es klein.

3. Machen Sie es spezifisch, konkret und verhaltensbezogen.

4. Stellen Sie sicher, daß Sie sagen, was Sie tun *werden*, anstatt was Sie *nicht* tun werden.

5. Sagen Sie, wie Sie Ihre Reise beginnen werden und nicht, wie Sie sie beenden werden.

6. Seien Sie sich im klaren über das wer, was und wann, aber nicht über das warum.

Schlüssel 1:

Stellen Sie sicher, daß das Wunder für Sie wichtig ist

● Wenn das Wunder eintritt, würde es einen Unterschied für Sie machen?

● Was werden Sie an sich bemerken, was anders ist, wenn das Wunder eintritt?

● Was werden andere (EhepartnerIn, FreundInnen, Kinder, KollegInnen) an Ihnen bemerken, was anders ist, wenn das Wunder eintritt?

● Welchen Unterschied wird es in Ihrem Leben machen, wenn das Wunder eintritt?

● Was werden Sie machen können, wenn das Wunder eingetreten ist, was Sie vorher nicht machen konnten?

© 1997 verlag modernes lernen, D-44139 Dortmund ● aus: Miller/Berg, Die Wunder-Methode, Bestell-Nr. 4352

Schlüssel 2:

Halten Sie es klein

● Was wäre das erste Anzeichen dafür, daß das Wunder geschehen ist?

● Was wäre die kleinste Sache, die anders sein könnte und die Sie noch bemerken würden?

● Was wäre die kleinste Änderung, mit der Sie zufrieden wären?

● Auf einer Skala von 1 bis 10, wobei 1 bedeutet, wo Sie gerade jetzt sind und 10 ist der Tag nach dem Wunder - was wird anders sein, wenn Sie sich auf der Skala nach 1,15 bewegen? Nach 1,5? Nach 2?

Schlüssel 3:

Machen Sie es spezifisch, konkret und verhaltensbezogen.

1. Wenn das Wunder geschieht, werde ich imstande sein, es zu sehen und zu betrachten?

2. Wenn das Wunder geschieht, werde ich imstande sein, darauf zu zeigen?

3. Könnte ich ein Foto machen, wenn sich das Wunder entfaltet?

- Was werden Sie bemerken, was Sie selber am Tag nach dem Wunder anders machen, das Ihnen sagt, daß Sie auf dem (richtigen) Wege sind?

- Was werden andere sehen, was Sie tun, das ihnen sagt, daß ein Wunder geschehen ist? Was werden sie genau sehen, das ihnen das sagt?

- Angenommen, wir würden Sie am Tag nach dem Wunder im Fernsehen sehen. Was würden wir sehen, das uns sagen würde, daß das Wunder eingetreten ist?

© 1997 verlag modernes lernen, D-44139 Dortmund • aus: Miller/Berg, Die Wunder-Methode, Bestell-Nr. 4352

Schlüssel 4:

Stellen Sie sicher, daß Sie sagen, was Sie tun *werden*, anstatt was Sie *nicht* tun werden.

Indem Sie deutlich machen, was Sie nach Ihrem Wunder tun werden, anstatt was Sie nicht tun werden, sind Sie imstande, sowohl Ihren Erfolg einzuschätzen, als auch zu bestimmen, was noch zu tun bleibt. Wenn Sie also merken, daß Sie Worte wie *nein, niemals, nicht tun, nicht wollen, nicht können, nicht würden* oder *nicht dürfen* verwenden, dann ersetzen Sie diese durch die Worte *ja, wann* oder *dann, tun, können, würde, darf*. Seien Sie auf der Hut und passen Sie gut auf, daß die negativen Worte - wir nennen Sie N-Worte - nicht hinterrücks in Ihre Beschreibungen einfließen. Wenn Sie beispielsweise sagen, Sie *sollten* sich vom Alkohol fernhalten, dann ist das noch negativ formuliert. Um das zu umgehen, können Sie sich fragen: „Was werde ich statt des Trinkens tun?"

- Wenn Sie nicht länger (setzen Sie hier das negative Wort ein), was werden Sie stattdessen tun?

- Was werden andere sehen, was Sie anderes tun, wenn (setzen Sie hier das negative Wort ein) nicht länger eintritt?

- Wenn (setzen Sie hier das negative Wort ein) nicht länger eintritt, was wird stattdessen eintreten?

- Was werden andere bemerken, was anders bei Ihnen ist, wenn (setzen Sie hier das negative Wort ein) nicht länger eintritt?

- Wie werden Sie wissen, wann (setzen Sie hier das negative Wort ein) aufgehört und das Wunder angefangen hat? Was werden Sie sehen, was anders ist?

- Was wird das erste kleine Anzeichen dafür sein, daß (setzen Sie hier das negative Wort ein) besser wird?

- Wenn Sie nicht länger (setzen Sie hier das negative Wort ein), was werden Sie dann nicht mehr tun?

- Was werden Sie anstelle dieser Dinge tun?

Schlüssel 5:

Sagen Sie, wie Sie Ihre Reise beginnen werden und nicht, wie Sie sie beenden werden.

- Wie werden Sie wissen, daß das Wunder angefangen hat?

- Wenn Sie morgen früh die Augen aufmachen, was wird das erste Anzeichen dafür sein, daß das Wunder geschehen ist?

- Wer würde der oder die erste sei, die bemerkt, daß das Wunder geschehen ist und was würde der oder die sagen, was er oder sie als erstes bemerken würde?

- Auf einer Skala von 1 bis 10, wobei 10 der Tag nach dem Wunder ist und 1 ist da, wo Sie heute sind, was wird das erste sein, das Sie bemerken, was Ihnen sagt, daß Sie sich auf der Skala nach oben bewegen?

© 1997 verlag modernes lernen, D-44139 Dortmund • aus: Miller/Berg, Die Wunder-Methode, Bestell-Nr. 4352

Schlüssel 6:

Seien Sie sich im klaren über das wer, wo und wann, aber nicht über das warum.

- **Wer** wird die erste Person sein, die bemerkt, daß das Wunder geschehen ist? Was wird sie bemerken?

- **Was** wird Ihr/e (PartnerIn, Kind, FreundIn, KollegIn) bemerken, was nach dem Wunder anders an Ihnen ist?

- **Was** werden Sie bemerken, was bei Ihrer/Ihrem (PartnerIn, Kind, FreundIn, KollegIn) nach dem Wunder anders ist?

- **Wer** wird am meisten überrascht ein, wenn Ihr Problem gelöst ist? Was wird diese Person sehen, was Sie tun, von dem er oder sie gedacht hat, das wäre nie möglich gewesen? Was werden Sie sehen, was diese Person anders macht, von dem Sie gedacht haben, das wäre nie möglich gewesen?

- **Wo** werden Sie aller Wahrscheinlichkeit nach sein, wenn Sie zum ersten Mal bemerken, daß das Wunder eingetreten ist? Was werden Sie aller Wahrscheinlichkeit nach bemerken?

- **Wo** werden Sie aller Wahrscheinlichkeit nach in (geben Sie hier die gewünschte Veränderung sehr genau an) erfolgreich sein?

- **Was** würden andere sagen, wo Sie aller Wahrscheinlichkeit nach erfolgreich sein werden?

- **Wo** sind Sie in der Vergangenheit erfolgreich gewesen?

- **Was** würden andere sagen, wo Sie in der Vergangenheit erfolgreich gewesen sind?

- **Wann** sind Sie in der Vergangenheit erfolgreich gewesen? Was war anders, daß es Sie dazu brachte, erfolgreich zu sein?

- **Was** würden andere sagen, wann Sie erfolgreich gewesen sind? Was würden sie sagen, hat dazu geführt, daß Sie erfolgreich waren?

- **Wo** würden Sie garantieren, daß Sie nicht erfolgreich wären? **Wo** würden Sie garantieren, daß Sie erfolgreich wären?

© 1997 verlag modernes lernen, D-44139 Dortmund • aus: Miller/Berg, Die Wunder-Methode, Bestell-Nr. 4352

Kurz-Übersicht der Wunder-Methode

Drei Hinweise auf die Lösung

1. Suche nach Teilen des Wunders, die schon jetzt geschehen.

2. Lerne aus Fehlern, die Du nicht machst.

3. Suche nach Änderungen vor der Behandlung.

© 1997 verlag modernes lernen, D-44139 Dortmund ● aus: Miller/Berg, Die Wunder-Methode, Bestell-Nr. 4352

Hinweis 1:

Suche nach Teilen des Wunders, die jetzt schon geschehen

- Wann war das letzte Mal, daß ein, wenn auch nur sehr kleiner Teil des Wunders geschehen ist?

- Was würden andere sagen, wann das letzte Mal ein, wenn auch nur sehr kleiner Teil des Wunders geschehen ist?

- Wann in Ihrem Leben haben Sie ein, wenn auch nur kleines Teil des Wunders erlebt, das Sie beschreiben?

- Was würden andere sagen, wann in Ihrem Leben Sie ein, wenn auch nur ein kleines Teil des Wunders, das Sie beschreiben, erlebt haben?

Untersuchen Sie Unterschiede, wenn Teile des Wunders geschehen, indem Sie einzelne Aspekte der Ereignisse genauer betrachten, nämlich das

Was ...

Wo ...

Wer ...

Wann ...

Wie ...

Hinweis 2:

Lerne aus Fehlern, die du nicht machst

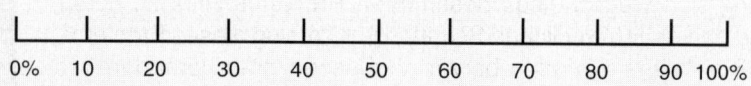

0% 10 20 30 40 50 60 70 80 90 100%

Untersuchen und beschreiben Sie eingehend die Umstände der Zeiten, in denen Sie kein Problem hatten, nämlich das

Was ...

Wo ...

Wer ...

Wann ...

Wie ...

© 1997 verlag modernes lernen, D-44139 Dortmund ● aus: Miller/Berg, Die Wunder-Methode, Bestell-Nr. 4352

Hinweis 3:

Suche nach Änderungen vor der Behandlung

Häufig bemerken Menschen in der Zeit zwischen der Entscheidung sich wegen eines bestimmten Problems Hilfe zu holen, und den ersten wirklichen Schritten zur Lösung dieses Problems, daß sich ihre Situation bereits verbessert oder verändert hat. Was haben Sie an Ihrer Situation bemerkt?

Nutzen Sie diese Frage, um die Umstände genauer zu beschreiben, nämlich das

Was ...

Wo ...

Wer ...

Wann ...

Wie ...

Kurz-Übersicht der Wunder-Methode

Die Lösungs-Gleichungen

Gleichung 1

W(under)
A(usnahmen)
+ Mache (mehr von dem, was funktioniert)

= Lösung

Gleichung 2

W(under)
A(usnahmen)
+ Mache (etwas, das zufällige Ausnahmen wahrscheinlicher macht)

= Lösung

Gleichung 3

W(under)
A(usnahmen)
+ Tue so, als ob (das Wunder geschehen ist)

= Lösung

© 1997 verlag modernes lernen, D-44139 Dortmund • aus: Miller/Berg, Die Wunder-Methode, Bestell-Nr. 4352

Findern Sie *Ihre* Veränderungsformel

1. Suchen Sie nach Zeiten, wo Teile Ihres Wunders geschehen.

2. Suchen Sie nach Zeiten, wo Ihr Problem nicht auftritt.

3. Halten Sie Ausschau nach kleinen anstatt nach großen Veränderungen.

4. Vervollständigen Sie Ihre Lösungskurve täglich.

5. Bestimmen Sie das wer, was, wann, wo und wie jeder Veränderung.

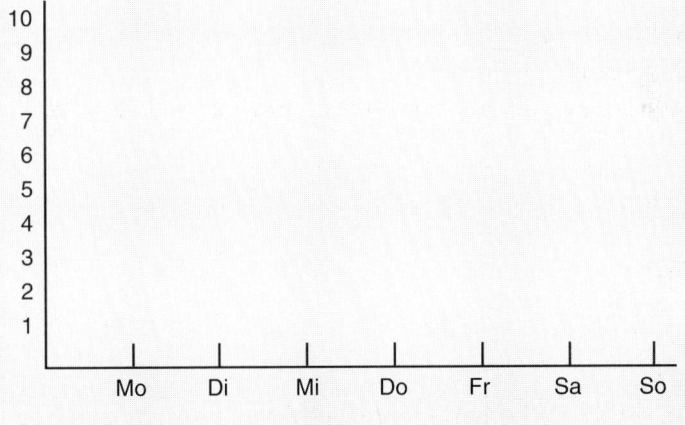

Zum Umgang mit Rückschlägen

Keine Panik!

Regel 1:
Wenn es nicht kaputt ist, dann repariere es auch nicht!

Tun Sie einfach das, was funktioniert hat, bevor der Rückschlag passierte!

Regel 2:
Wenn du weißt, was funktioniert, mach' mehr davon

Beschäftigen Sie sich zunächst mit einigen Fragen zu Ihrem Erfolg nach dem Rückschlag:

Was ...

Wie ...

Wer ...

Wo ...

Regel 3:
Wenn es nicht funktioniert, dann wiederhol' es nicht, mach' etwas ander(e)s

Denken Sie an *Millers „Erstes Gesetz der Löcher"*:

Wenn du in einem Loch steckst, hör' auf zu graben!

© 1997 verlag modernes lernen, D-44139 Dortmund • aus: Miller/Berg, Die Wunder-Methode, Bestell-Nr. 4352

Wie man etwas anderes findet, was man machen kann

- Bemühen Sie sich zu sehr?

- Brauchen Sie einen Urlaub von der Veränderung?

- Ist Ihnen Ihr Wunder klar?

- Sind Sie eine KundIn, die etwas verändern will?, Eine Klagende? Eine Besucherin?

- Sind Sie sich Ihrer Sache zu sicher?

- Haben Sie noch weitere Ideen, was Sie anders machen können?

- Benötigen Sie fremde Hilfe?

Raum für Notizen:

Raum für Notizen:

Raum für Notizen: